20 世纪中国图书馆学文库·81

图书在版编目
工作手册

许绵　主编　李泡光　副主编

国家圖書館出版社

本书据人民出版社 1994 年 2 月第 1 版排印

目　　次

前　　言

新闻出版署决定:从 1994 年元月起,在北京的所有出版社全面推广"图书在版编目"(简称 CIP)国家标准,然后逐步推向全国。这是我国出版史上一件很有意义的大事,它将使我国的出版物向国际标准靠拢,有利于中文图书走向世界。

从 1992 年 11 月起,至 1993 年底,实施图书在版编目的试点过程中,中国版本图书馆共审核 CIP 数据工作单 3000 多份,并先后举办过四期业务人员 CIP 数据操作培训班,参加培训的有 300 余人。通过一年来的实践,图书在版编目工作积累了一定的经验,同时也碰到一些亟需解决的问题。在这种情况下,为使出版社负责此项工作的人员了解图书在版编目工作的意义、实施范围、工作内容与程序,掌握实施 CIP 国家标准的方法,以使图书出版工作纳入标准化、规范化的轨道,编辑出版这本"工作手册"是十分必要的。

这本"工作手册"对各出版社负责 CIP 工作的人员、责任编辑、图书资料的分编人员,以及出版辅助单位的有关人员都具有指导作用,同时,它对高等学校图书情报专业的教师和学生也具有一定的参考价值。希望通过《手册》的出版能更好地推动 CIP 工作的开展。

第一章　图书在版编目的概念

图书在版编目：指"依据一定的标准，为在出版过程中的图书编制书目数据"。它的英文名称为 Cataloguing in Publication，简称 CIP。

图书在版编目数据：国家标准 GB12451-90 的名称；指"经图书在版编目产生的，并印刷在图书主书名页背面的书目数据"。这一书目数据由著录数据和检索数据两部分组成。著录数据包括书名与著作责任者项、版本项、出版项、丛书项、附注项、标准书号项；检索数据包括书名与著（译）者、丛书名与丛书主编者等可以识别图书特征的检索点，也包括分类号、主题词在内的用以揭示图书内容与主题的检索点。

图书在版编目工作：指出版社在出版每一种图书之前，按国家标准的要求将填好的 CIP 工作单，交国家指定的 CIP 管理机构审核、生成的 CIP 标准数据，印在图书主书名页背面的全部过程。从事这项工作，必须严格执行《图书书名页》和《图书在版编目数据》标准，以及上述两个标准规定的"引用标准"。

第二章　图书在版编目发展概况

（一）图书在版编目产生的背景

最早提出实施 CIP 的，是图书馆界的人士，不过不叫在版编目。世界著名的图书馆学家阮冈纳赞（印度人），称之为"出版前编目"。

图书馆界所以要求这么做，是因为图书馆买到新书后，要根据图书的主题内容和外部特征，进行著录和主题与分类标引（统称"编目"）。图书馆按照编目标准，将图书的各项数据，制成可以提供检索用的目录卡片后，新书才能开始出借。这个过程很长，新书往往成了旧书，更不必说花费大量的人力物力。因此，无论是图书馆和读者，都迫切希望改变这一状况，提出最好在图书出版之前，图书馆利用出版过程中的校样书进行编目，由出版者将编目数据直接印在书上，图书馆买到新书后，即可将书上的编目数据，复印成卡片式目录，使新书马上可以提供借阅。

但是，出版和图书馆毕竟是两个不同的行业，都有各自的生产（工作）程序，在当时的条件下，这种想法无法一步到位使之实现。不过，在图书馆界的积极推动下，出版者和图书馆合作进行探讨，越来越有成效。而且，越到后来，出版者的积极性越高。在国外，自愿地、主动地提出实施 CIP，反而是出版商。因为，出版商通过实施 CIP，提前规范地报导新书出版信息，使购书大户——图书馆和个人读者,及时准确地得到新书出版信息,简化了订购手续,很受图书馆和读者的欢迎。出版商通过实施 CIP 后,增加了实现出版计划的可靠性。用现在的语言说,经济效益更好。所以,CIP 更受到出版者的欢迎,更有生命力。

(二)图书在版编目在国外的情况

最早进行图书在版编目试验的国家是澳大利亚和美国。

澳大利亚于 1945～1950 年、1963～1967 年先后两次,由图书馆与出版商进行合作,图书馆提供标准书目数据,先是由出版商复印后随书发售给图书馆(类似我国集中编目工作中的"随书配片"),后是直接印在书上。两次试验皆因故中断。

美国在 1958 年 6 月至 1959 年初,由国会图书馆作"书源编目"(简称 CIS)试验,1968 年重新提出继续试验,但一直没有统一认识,到了 1971 年 6 月才正式进行图书在版编目。澳大利亚也在美国影响下,于 1972 年底,正式开展 CIP 工作。

顺便提一下,澳大利亚于 1963 年进行第二次在版编目试验时,就已正式提出"图书在版编目"的概念。美国是在 1970 年的第 89 届图书馆协会年会上才确定"图书在版编目"这一概念的。

此后,1974 年有原联邦德国、巴西、墨西哥,1975 年有英国、加拿大,先后开展 CIP 工作,前苏联是在 1971 年实施 CIP 的,而且著录项目更为详细。

1982 年 8 月 16～19 日,国际图联(IFLA)与联合国教科文组织(UNESCO)联合在加拿大的温哥华召开图书在版编目的国际会议,会议建议每个国家都应考虑由国家书目机构或与之相应的组织,制定本国的 CIP 计划。

据了解,目前美国有 80%、英国有 70% 的出版商参加 CIP,澳大利亚有约2000家出版社参加 CIP，其著录格式，遵循《国际标准书目著录》(ISBD)的原则规定，但具体项目详简有所不同。

（三）我国试行在版编目的过程

三中全会以后，我国图书馆界的一些热心人士，开始在国内的刊物和一些会议上宣传 CIP，介绍国外实行 CIP 的情况和作法。1985年4月，宣传领导机关召开有出版界和图书馆界同志参加的座谈会，头一次坐到一起来讨论、探讨我国实施 CIP 的可能性。会后有北京图书馆与书目文献出版社、北京大学图书馆与北京大学出版社、青海省图书馆与青海人民出版社，自告奋勇带头进行 CIP 试验，希望从中总结经验加以推广。

1986年11月，原国家出版局与国家标准局联合召开会议，就如何实施 CIP 作了几项决定。其中最重要的一项是确定由原国家出版局与国家标准局、文化部图书馆局、中科院图书情报出版工作委员会、国家教委教材图书情报办公室组成工作领导小组。会后，着手各项准备工作。1987年7月，新闻出版署等五单位，举行 CIP 领导小组成立会议，新闻出版署为组织单位，会议确定领导小组的任务，主要是负责协调工作、提出 CIP 标准。会议确定 CIP 标准起草小组参加单位的名单，他们是：新闻出版署标准室、北图、科图、北大、人民出版社、机械工业出版社、新华书店总店、信息分类编码研究所。会议要求起草小组应在1987年底提出《图书在版编目数据》和《图书书名页》两个标准的初稿。

1987年10月，起草小组在庐山召开工作会议，确定以图书馆界的同志为主，起草 CIP 标准，以出版界的同志为主，起草图书书名页标准。1987年12月底，起草小组完成两个标准的初稿，随后印发出版界和图书馆界征求意见。1988年6月底，起草小组再次开会讨论研究征集上来的意见,并确定修订后再一次印发全国征求意见。随后完成修订稿。1989年3月1~2日,新闻出版署主持召开了两个标准的审定会。会后不久将报批稿上报国家技术监督局。国家技术监督局于1990年7月31日批准公布,要求从1991年的3月1日起正式实行。新闻出版署向各地出版局和出版社发了要求实施这两个国家标准的通知。

但是,实施CIP标准不是一件容易的事。首先要作大量的宣传和调查研究工作。出版社的同志对这项工作有一个认识上提高和统一的过程,还有采取什么方法和步骤去实施,以及由哪一个单位负责组织实施的一系列问题。

在经过了大量的调查研究后,新闻出版署最后决定由新闻出版署信息中心负责组织实施,具体业务工作由中国版本图书馆协助。同意中国版本图书馆提出的,实施CIP首先搞试点的意见。决定从1993年2月1日起,在北京的41家中央级出版社及北京出版社先行试点。为搞好试点工作,在中国版本图书馆协助下,于1992年11月下旬办了首期CIP业务培训班。

1993年3月,为了在外地取得试点经验,新闻出版署决定选择几个省市的出版社扩大试点。辽宁省的十几家出版社从9月份起,进入试点行列。

1993年10月底,新闻出版署更进一步决定,从1994年元月起,在北京的所有出版社全面实施CIP。因此,在11月下旬,办了第二期CIP业务培训班。这次培训班共有146个单位的168人参加。效果比较好。

1993年2月份以来,中国版本图书馆已为试点单位审核加工并返回标准的"图书在版编目数据"约3000种。为扩大影响,为试点出版社作图书宣传,该馆编辑出版的《全国新书目》从1993年第6期起,陆续刊登《在版图书编目信息》,已引起广泛注意。

实施CIP,从议论座谈到进入实质性工作,经历了一个较长的时期,但是一起步,就发展很快。看来在全国全面推广实施 CIP 已为期不远,这是非常令人鼓舞的。

第三章　图书在版编目的意义

（一）为加强出版管理服务

1979年即实行改革开放的第一年,我国出版图书1万多种,以后逐年迅速增加。这两年已达到并超过9万种。和经济建设事业一样,出版事业呈现一片繁荣景象。但人们同时看到,由于西方资产阶级腐朽思想影响,特别是拜金主义、极端个人主义的侵蚀,少数不法之徒混水摸鱼,一个时期以来,出版了一些坏书;买卖书号的现象十分严重,成了出版行业的"公害"。所以,我们的宣传出版领导机关,根据"两手抓,两手都要硬"的方针,抓住"扫黄打非"不放,从各个方面加强出版宏观管理。

加强出版宏观管理的办法是很多的。实施国家标准,开展CIP工作,为加强出版管理找到又一种新的方法。因为CIP是在图书将要出版还未出版的过程中进行的,并且有特殊的编号(ISBN号和CIP管理机构的编号),如果某书被发现有问题,可以及时制止它的出版。如果有冒称正式出版社的非法出版物,发现也是比较容易的。

再进一步说,出版领导机关在掌握大量的CIP数据之后,还能够从中分析出将要出版面世的是些什么书、有什么倾向或者有什么苗头,值得重视和处理。所以,CIP的实施非常有利于领导机关及时采取对策,对出版事业进行调控。

(二)是出版现代化的重要标志之一

这些年来,在全国出版界的共同努力下,国家已就出版、印刷、发行行业制订并颁布了一系列的标准。"图书书名页"和"图书在版编目数据",是其中的重要组成部分。有关领导部门和这些标准的起草小组,在制订这些标准时,都要参照国际标准和国际惯例。例如,在制订"图书在版编目数据"这一国家标准时,起草小组就曾经参照了国际 CIP 记录标准起草小组提出的标准格式,各主要著录大项是基本相同的。顺便提一下,国际 CIP 记录标准起草小组的成员,都是美、英、法、加拿大的专家。所以,中文图书实施 CIP 国家标准,向出版行业国际标准靠拢,对中文图书出版现代化、标准化产生积极的影响,是我国出版现代化的重要标志。

(三)对确定或调整出版选题有重要参考价值

每个出版社在制订和调整选题计划时,都是非常保密的。因为选题关系到出版社的两个效益,可以说关系到出版社的生存和发展。但每个出版社又都非常想了解当前和今后一个时期,其他出版社在想什么和有什么打算。然而,现在各出版社所能得到的出版信息,都是个别零散、不及时和不完整的。如果全国都推行 CIP,有一个专门机构负责管理 CIP 数据,并将这些数据提供给大家使用,大家都可以从中得到最新的在版新书信息,受到启发,然后对本社的选题计划作若干调整或补充,那么,CIP 给出版社带来的效益,将是不言而喻的。

中国版本图书馆,协助新闻出版署信息中心,进行 CIP 数据的采集、审核和管理,已经通过《全国新书目》开始报导 41 家试点出版社的 CIP 数据。不久之后,该馆将建成计算机管理系统,主要为 CIP 数据管理服务,相信会更快更好地向社会提供服务。

(四)扩大图书宣传、促进中外文化交流

改革开放以来,我国的经济迅速发展,引起了世界各国的极大注意,很多商人愿意到中国投资做生意,很多客人愿意到中国旅游,很多年青人愿意到中国留学搞研究,掀起了"中国热"。他们迫切希望了解中国发生的一切,希望从中国赚钱,希望从中国文化中学到对他们有用的东西。所以,中文图书存在着潜在的世界市场。至于港、澳、台、东南亚及其他各地的华侨、华裔,想学习中文和看中文图书的人,就更多了。

但是,长期以来,我国没有一个统一的能够及时并超前报导新书出版信息的刊物,可以为他们利用,他们看到的新书信息,不是滞后的,就是很不完全的,按我国现有的书目订书,往往订购不到需要的图书。

所以,搞好 CIP,使 CIP 数据提前进入市场信息渠道,将能加强中文图书的对外竞争力,扩大中文图书的影响,中文图书大量进入世界图书市场,为世界各国人民所利用,最终促进中外文化交流,是对人类文化事业的贡献。

(五)提高书目质量、实现资源共享

解放后尤其是 1950 年以来,我国图书馆界为统一编目标准、提高书目质量,作了长期艰苦的努力。集中编目、发行铅印的编目

卡片,取得了很大的成绩。但由于编目工作和图书出版过程脱节,编目用的样书往往是已在市场上出售多日的新书,用户(即图书馆)出现"有书无片"与"有片无书"和大量积压新书的现象。图书馆购入新书后,由于要等集中编目的铅印卡片,长期把书压在架上不能整理出借。所以,原有形式的集中编目,实际已很难搞下去,订户也从开始的好几千户,跌到目前的 200 余户。大家转而迫切希望在图书出版印刷过程中,把图书馆需要的每一种书的著录事项,如书名、著译者、出版者、ISBN 号、分类号、主题词等,按国际标准,印在主书名页背面上。这不仅仅是我国图书馆界,也是外国图书馆界、外国出版商、外国专家学者(汉学家)的要求。我国是中文图书的出版大国,由我国参照国际标准,把编目数据印在图书的主书名页背面,也即我们要求实施的 CIP 国家标准,肯定是会受到国内外读者、用户的欢迎的。书目也是资源,CIP 数据作为资源广泛提供国内外人士包括图书馆界的人士利用,是实现知识资源共享的重要方面。

第四章　我国组织实施 CIP 标准的 机构及其任务

　　我国实施 CIP 标准的管理机构:新闻出版署信息中心,中国版本图书馆协助署信息中心作好 CIP 管理工作。

　　它们的任务是:组织实施和解决实施 CIP 过程中出现的问题,其中涉及重大问题,需在请示新闻出版署后解决;组织干部培训,为各出版社负责 CIP 工作的干部学习和提高业务水平创造条件;组织工作协调,特别是外省市实施 CIP 工作的协调;组织经验交流,形式可以是不定期发工作简报或者召开交流会。其中中国版本图书馆要负责 CIP 数据的审核、加工处理,并提供服务。所以,大量的日常工作是由中国版本图书馆与各出版社合作共同完成的。

　　关于在全国实施 CIP 国家标准,拟分三步走。

　　第一步为试点阶段。准备工作从 1992 年第四季度开始,包括举办新闻出版署图书在版编目首期业务培训班(1992 年 11 月下旬),和人力物力的准备。确定 41 家中央级出版社和北京出版社作为首批试点单位,明确从 1993 年 2 月 1 日起发排的图书,都要实施 CIP。外省市的试点,有辽宁、湖北、广东等。辽宁地区从 1993 年 9 月起实施 CIP,湖北地区从 1994 年元月起实施。

　　第二步为扩大推行 CIP 阶段。北京地区的所有出版社从 1994 年元月起,实施 CIP。为此于 1993 年 11 月,举办了新闻出版署图书在版编目第二期业务培训班。而且,中国版本图书馆将建立起 CIP 的计算机管理系统。

第三步为全面推行 CIP 阶段。从 1995 年起,全国所有的出版社,至少应是绝大部分出版社都将实施 CIP 国家标准。

第五章　图书在版编目工作程序

在图书发稿付排之前,即应开始 CIP 工作。

首先,要求责任编辑,按"图书在版编目工作单"的项目,逐项准确填写清楚,关于"工作单"的填写方法,参照本书第七章的有关规定。如果发稿时,主书名页的设计已经完成,可将主书名页正面的样式复印一份,连同工作单送交本社负责 CIP 组织协调工作的同志,由该同志集中寄(送)中国版本图书馆图书在版编目部。

中国版本图书馆 CIP 部,在接到出版社寄(送)来的工作单(及复印件)后,根据国家标准《普通图书著录规则》(GB3792.2 – 85)、《中图法》和《汉语主题词表》,马上进行审核、修改并加工成可以排印的 CIP 标准数据格式,寄(退)回出版社发排。

由于各种各样的原因,出版社发稿付排的图书,决定暂不出版或者不再出版,那么,出版社负责 CIP 组织协调工作的同志,应及时将信息反馈给中国版本图书馆。为简化手续,出版社只要通知某国际标准书号(ISBN)的书暂停出版或不再出版即可。

中国版本图书馆在将 CIP 数据返回出版社的同时,利用计算机进行数据处理,编成书本式书目,定期送领导机关和刊登在《全国新书目》上,以便提供领导和国内外读者使用。待中国版本图书馆计算机管理系统建立并能与全国各新闻出版局,直至所有出版社建立计算机联网,将能够提供更快更有效的服务。

具体工作流程用图表示如下：

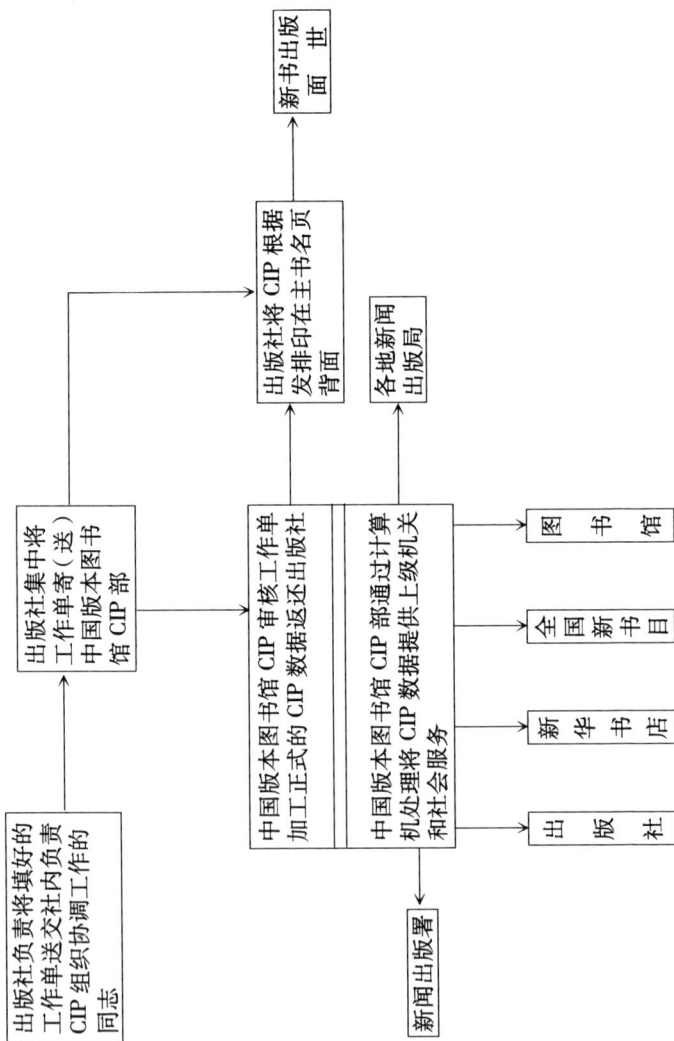

新书出版面世

出版社将 CIP 根据发排印在主书名页背面

各地新闻出版局

出版社集中将工作单寄（送）中国版本图书馆 CIP 部

中国版本图书馆 CIP 审核工作单加工正式的 CIP 数据返还出版社

中国版本图书馆 CIP 部通过计算机处理将 CIP 数据提供上级机关和社会服务

出版社负责格填好的工作单送交社内负责 CIP 组织协调工作的同志

图书馆

全国新书目

新华书店

出版社

新闻出版署

第六章　图书在版编目实施范围

根据新闻出版署的文件,现阶段实施 CIP 包括以下范围:

凡是装订成册的图书,均实施图书在版编目。但不包括以下类型的图书:

1. 中小学课本、教材(中、小学教师用书要进行 CIP);

2. 低幼读物(幼儿园教师用书要进行 CIP);

3. 连环画册(大开本精制的连环画册要进行 CIP);

4. 图片、画页以及未装订成册的散页画辑、明信片等;

5. 未装订成册的地图、游览图(交通图),以及教学挂图;

6. 折叠的歌片、曲谱、字帖等;

7. 单独印行的国家标准、行业标准、地方标准、规程、规范(汇编本要进行 CIP)。

第七章　图书在版编目(CIP)数据工作单填写说明

　　"图书在版编目(CIP)数据工作单"是根据中华人民共和国国家标准《图书在版编目数据》(GB12451-90)规定的内容和实际工作需要编制的。包括"书名与责任者项"、"版本及出版项"、"载体形态项"、"丛书项"、"附注项"、"标准书号项"、"提要项"、"排检项"等8个大项。现对各大项有关的名词术语、具体内容以及填写规则,结合实例加以介绍。其中名词术语的解释依据国家标准《普通图书著录规则》(GB3792.2-85)。

1. 书名与责任者项的名词解释及填写说明

　　书名:直接表达或象征、隐喻图书内容及其特征,并使其个别化的名称。

　　　　直接表达图书内容的书名,如:

　　　　　　《中国哲学史》

　　　　　　《棉花高产栽培技术》

　　　　　　《英汉双解俚语词典》

　　　　象征图书内容及其特征的书名,如:

　　　　　　《人到中年》

　　　　　　《青春之歌》

　　　　　　《儿女英雄传》

隐喻图书内容的书名,如:

《太阳在呼唤》(报告文学集)

《不怕逆风》(科学小品集)

《不夜的金三角》(散文集)

1.1　正书名:是指图书的主要名称,包括单纯书名、交替书名、合订书名。

1.1.1　单纯书名:书名前后没有附加其他文字的书名,包括内含阿拉伯数字、外文字母及标点符号的书名。

例1　《心理学》

例2　《家务劳动 ABC》

例3　《警惕啊,人们!》

例4　《电脑? 电脑!》

例5　《中国东方深水大港——宁波港》

例6　《面部皮肤的保养·美容·防治》

例7　《2001 年宇宙历险记》

例8　《中国 1840～1956 历史大观园》

例9　《星光 XG1040、XG1041 系列轻型载货汽车使用与维护》

填写说明:

此类单纯书名直接填入"工作单"中的"正书名"栏内。

上例 2、4、5、6、8、9 填写格式如下:

正书名	家务劳动 ABC

正书名	电脑? 电脑!

正书名	中国东方深水大港——宁波港

正书名	面部皮肤的保养·美容·防治

正书名	中国 1840～1956 历史大观园

正书名	星光 XG1040、XG1041 系列轻型载货汽车使用与维护

1.1.2　交替书名:是指同一图书的书名页上印有两个或两个以上交替使用的不同书名,是同书异名的一种表现形式,属正书名的一种。交替书名之间,常以"又名"、"原名"、"亦名"等字样连接。如果书名页上不拟印上"原名……"、"又名……"、"一名……"等字样,只是在书的其他部分(如序言、出版说明、后记等)出现交替使用的不同书名,则不必将其填入"交替书名"栏。

例 1

地　下　魔　窟
(原名《灰石岩》)

例 2

中国历代故事选评
一名《历代通鉴精编评注》

例 3

西　行　漫　记
(原名:红星照耀中国)

填写说明:

此类交替书名填写工作单时,居前位的书名,填入"正书名"栏内;居后位的书名填入"交替书名"栏内,加"又名"字样。

以上 3 例填写格式如下:

正书名	地下魔窟
交替书名	又名,灰石岩

正书名	中国历代故事选评
交替书名	又名,历代通鉴精编评注

正书名	西行漫记
交替书名	又名,红星照耀中国

1.1.3 合订书名:指一种图书由几种著作合订而成,没有一个共同的书名,而是在书名页上出现两个或两个以上的书名。合订书名的内容各自独立,但性质相近,它们之间的关系是并列的,没有主次之分。

例1

> 改邪归正的梅莫特
> 不可思议的杰作
> (法)巴尔扎克著
> 金志平　张裕禾译

例2

> 中国史料小说丛书
> 唐三藏西游释厄传
> 〔明〕朱鼎臣　撰
> 陈　新　　整理
> 西　游　记　传
> 〔明〕杨致和　撰
> 陈　新　　整理

例3

> 劝学篇·劝学篇书后
>
> 张之洞　何启　胡礼垣　撰
>
> 冯天渝　肖川　点注

填写说明:

(1)由于合订书名的图书有时是将一个责任者的几种不同的著作合订在一起,如以上例1;有时是几个责任者的著作合订在一起,如以上例2、3,因此,填写工作单时必须将各自的责任者分别填入各自的书名之后,以"/"相隔。

以上3例填写格式如下:

合订书名	改邪归正的梅莫特/(法)巴尔扎克著; 金志平,张裕禾译
	不可思议的杰作/(法)巴尔扎克著; 金志平,张裕禾译

合订书名	唐三藏西游释厄传/(明)朱鼎臣撰;陈新整理
	西游记传/(明)杨致和撰;陈新整理

合订书名	劝学篇/(清)张之洞撰;冯天渝,肖川点注
	劝学篇书后/(清)何启,胡礼垣撰; 冯天渝,肖川点注

(2)如果书名页上出现三个或三个以上的合订书名,填写工作单时将位居前面的两个书名及各自的责任者填入"合订书名"栏内,将第三个及其以后的合订书名及责任者填入工作单的"附注项"。

例如：

```
          六  一  诗  话
            欧阳修　著
            郑文　校点


          白  石  诗  说
            姜　夔　著
            郑文　校点


          滹  南  诗  话
            王若虚　著
          霍松林　胡主佑　校点
```

填写格式如下：

合订书名	六一诗话/（宋）欧阳修著；郑文校点
	白石诗话/（宋）姜夔著；郑文校点
……	
附注项	滹南诗话/（金）王若虚著；霍松林，胡主佑校点

注：必须是几种合订著作的书名拟同时都印在书名页上，方可作为合订书名填入"合订书名"栏内（务必填明各自的责任者），否则不必填入此栏内。

1.1.4　图书的章回数（指与中国古典章回小说书名相连的）、卷数（指与中国古籍书名相连的）、多卷（册）图书的卷（册）次均应作为正书名的一个组成部分，填入"正书名"栏后的"卷（册）次、章回数"栏内。

例1
```
          水浒传    一百二十回
              施  耐  庵
```

例2

侠 义 风 月 传　　十八回

（清）　名教中人编次

例3

化　　学

上册

例4

外国文学研究集刊

第　九　辑

中国社会科学院外国文学研究所编

以上4例填写格式如下：

正书名	水浒传	卷(册)次	
		章回数	一百二十回

正书名	侠义风月传	卷(册)次	
		章回数	十八回

正书名	化　学	卷(册)次	上册
		章回数	

正书名	外国文学研究集刊	卷(册)次	第九辑
		章回数	

　　1.2　并列书名：在书名页上用两种或两种以上文字相互对照时，其中第二个及其以后的书名，称为并列书名。如下例1、2、3。与汉字书名并列的汉语拼音书名不视为并列书名。如下例4。

例 1

<table>
<tr><td>蕨和与蕨相关的动物病
Bracken and Animal Diseases Ralated to Bracken
许乐山著</td><td>→正书名
→并列书名</td></tr>
</table>

例 2

<table>
<tr><td>基 础 英 语
ESSENTIAL ENGLISH</td><td>→正书名
→并列书名</td></tr>
</table>

例 3

<table>
<tr><td>汉 英 地 质 词 典
THE CHINESE – ENGLISH DICTIONARY OF GEOLOGY</td><td>→正书名
→并列书名</td></tr>
</table>

例 4

<table>
<tr><td>普 通 图 书 著 录 规 则
putong tushu Zhuluguize</td><td>→汉语拼音书名,
并列书名</td></tr>
</table>

填写说明:

在一些学术性著作、法律条文、外语教学用书,以及中外文对照的词典等图书的书名页上,常常印有与汉文书名相对照的另外一种外国文字的书名,这另外一种外国文字的书名即为并列书名。

(1)填写工作单时,将汉文书名填入"正书名"栏内,将与汉文书名相对照的其他文字书名填入"并列书名"栏内。

以上 3 例填写格式如下:

正书名	蕨和与蕨相关的动物病
并列书名	Bracken and Animal Diseases Related to Bracken

正书名	基础英语
并列书名	ESSENTIAL ENGLISH

23

正书名	汉英地质词典
并列书名	The Chinese – English Dictionary of Geology

（2）书名页上出现两种文字对照的书名，有时是汉文书名在前，外文书名在后，如以上3例；有时是外文书名在前，汉文书名在后，如下例4。但填写工作单时仍应将汉文书名填入"正书名"栏内，将外文书名填入"并列书名栏"内。例：

> SELETED WESTERN LEGENDS AND STORIES
> 西方传说故事选

填写格式如下：

正书名	西方传说故事选
并列书名	Seleted Western Legends and Stories

1.3 副书名及说明书名文字

1.3.1 副书名：又称解释书名，解释或从属于正书名的另一书名（包括分卷、册书名）。

1.3.2 说明书名文字：指在书名前后、上下出现的对图书的内容范围、编辑方式、体裁、读者对象及用途等的说明文字。

例1

> 天 涯 赤 子 情
> ——港台和海外浙人忆浙大

例2

> 从 出 生 到 少 年
> ——儿童心理发展概论

例3

| 新 编 传 统 评 书 |
| 洪 武 剑 侠 图 |

例4

| 化 学 工 业 部 法 规 性 文 件 汇 编 |
| **1984～1986** |

例5

| 水 浒 传 |
| （节缩本） |

例6

| 小 学 生 学 习 之 友 |
| 一年级第一学期 |

例7

| 淡 水 养 鱼 技 术 |
| （长江流域本） |

填写说明：

（1）从例1～7的黑体字均为副书名及说明书名文字,填写工作单时,均需填入"副书名"栏内。

以上7例填写格式如下：

正书名	天涯赤子情
副书名及说明书名文字（包括分卷册书名）	港台和海外浙人忆浙大

正书名	从出生到少年
副书名及说明书名文字（包括分卷册书名）	儿童心理发展概论

正书名	洪武剑侠图
副书名及说明书名文字（包括分卷册书名）	新编传统评书

正书名	化学工业部法规性文件汇编
副书名及说明书名文字（包括分卷册书名）	1984～1986

正书名	水浒传
副书名及说明书名文字（包括分卷册书名）	节缩本

正书名	小学生学习之友
副书名及说明书名文字（包括分卷册书名）	一年级第一学期

正书名	淡水养鱼技术
副书名及说明书名文字（包括分卷册书名）	长江流域本

（2）如果一种图书具有两个并列的副书名,填写工作单时依次填入"副书名"栏内,用","相隔。

例1

```
零 丁 洋 上 的 不 速 之 客
穿鼻条约·广州和约
```

（该书介绍"穿鼻条约"、"广州和约"两个不平等条约的签订情况）

填写格式如下:

正书名	零丁洋上的不速之客
副书名及说明书名文字 （包括分卷册书名）	穿鼻条约,广州和约

例2

```
人体解剖挂图
内分泌系统·局部解剖
```

填写格式如下:

正书名	人体解剖图
副书名及说明书名文字 （包括分卷册书名）	内分泌系统,局部解剖

（3）如果书名页上出现多层次的副书名及说明书名文字,可视各层次文字与正书名的逻辑关系依次填入"副书名"栏内。

例1

```
好 新 闻
一九八二年全国好新闻得奖作品
广播电视部分
```

填写格式如下：

正书名	好新闻
副书名及说明书名文字 （包括分卷册书名）	一九八二年全国好新闻得奖作品,广播电视部分

例2

国故新知:中国传统文化再诠释
汤用彤先生诞辰百周年纪念论文集

填写格式如下：

正书名	国故新知
副书名及说明书名文字 （包括分卷册书名）	中国传统文化再诠释,汤用彤先生诞辰百周年纪念论文集

(4)如果书名页上既有副书名又有说明书名的文字,先填写副书名,后填写说明文字。

例1

（ 评 书 ）	→说明书名文字
明　英　烈	→正书名
定　南　京	→副书名

填写格式如下：

正书名	明英烈
副书名及说明书名文字 （包括分卷册书名）	定南京,评书

例2

系列小说 →说明书名文字
在伊犁 →正书名
淡灰色的眼珠 →副书名
王蒙 著

填写格式如下：

正书名	在伊犁
副书名及说明书名文字 （包括分卷册书名）	淡灰色的眼珠,系列小说

（5）多卷（册）图书的分卷（册）书名属于副书名的一种,填写工作单时,有卷（册）次,又有分卷（册）书名的,将卷（册）次填入正书名后的"卷（册）次"栏内,分卷（册）书名填入"副书名"栏内,见下例1、2、3;如果无卷（册）次,只有分卷（册）书名,直接将分卷（册）书名填入"副书名"栏内,见下例4、5;如果有两个分卷（册）书名,依次填入"副书名"栏内,见下例6。

例1

工 程 力 学
上 册
理 论 力 学

填写格式如下：

正书名	工程力学	卷(册)次	上册
		章回数	
副书名及说明书名文字 （包括分卷册书名）	理论力学		

例2

```
辛 亥 革 命 史 稿
第 三 卷
1911 年的大起义
```

填写格式如下：

正书名	辛亥革命史稿	卷（册）次	第三卷
		章回数	
副书名及说明书名文字 （包括分卷册书名）	1911 年的大起义		

例3

```
西 安 文 史 资 料
（第十五辑）
西 安 解 放
```

填写格式如下：

正书名	西安文史资料	卷（册）次	第十五辑
		章回数	
副书名及说明书名文字 （包括分卷册书名）	西安解放		

例4

```
中国农业百科全书
昆 虫 卷
```

填写格式如下：

正书名	中国农业百科全书	卷（册）次	
		章回数	
副书名及说明书名文字（包括分卷册书名）	昆虫卷		

例5

```
　　　韩　素　音　自　传
　　　　　残　　　树
　　（英）　韩　素　音　著
```

（《韩素音自传》分为《残树》、《凡花》、《寂夏》、《吾宅双门》、《再生凤凰》五册）

填写格式如下：

正书名	韩素音自传	卷（册）次	
		章回数	
副书名及说明书名文字（包括分卷册书名）	残树		

例6

```
　　　河　南　省　志
　　　　第三十七卷
　　铁道交通志　民用航空志
```

填写格式如下：

正书名	河南省志	卷(册)次	第三十七卷
		章回数	
副书名及说明书名文字 （包括分卷册书名）	铁道交通志,民用航空志		

（6）中小学教学参考书、教学大纲、复习指导等,不论书名页上的书名如何排列,均按全称连贯填入"正书名"栏内。

例1

> 全日制小学试用课本
> 思 想 品 德 第 三 册
> 教学参考书

填写格式如下：

正书名	全日制小学试用课本思想品德第三册教学参考书

例2

> 九年义务教育全日制小学
> 语 文 教 学 大 纲（试用）
> 学习指导

填写格式如下：

正书名	九年义务教育全日制小学语文 教学大纲(试用)学习指导

例3

> 初 级 中 学
> 英语第六册
> （实验本）
> 教 师 教 学 用 书

填写格式如下：

正书名	初级中学英语第六册（实验本）教师教学用书

1.4 文种、各种文字对照：文种，是指除汉文以外，用其他文字（包括少数民族文字、外国文字及盲文）编印出版的图书；各种文字对照，是指用两种或两种以上文字（包括汉文与少数民族文字、汉文与外国文字等）对照出版的图书。此类图书按图书的实际文种或文字对照情况填入"文种、各种文字对照"栏内。

例 1

文种、各种文字对照	维吾尔文

例 2

文种、各种文字对照	西班牙文

例 3

文种、各种文字对照	汉、英对照

例 4

文种、各种文字对照	英、法、德文对照

1.5 第一责任者、其他责任者及著作方式。

1.5.1 责任者：即出版界通称的作者，或著者、译者、编者等。指对图书内容进行创造、整理、加工，负有直接责任的个人或团体。个人责任者可以是一个或是多个；团体责任者是指以机关团体或会议名义发表著作的单位。

1.5.2 第一责任者：指一图书具有几种不同著作方式的责任者时，其中列居首位的著作方式责任者。

1.5.3 其他责任者：指除第一责任者以外的，以另外的著作方式，对著作内容进行再创造、再整理和加工的责任者。

1.5.4 著作方式：指责任者所采用的创作方法，如"著"、"编

"著"、"编"、"译"、"编译"、"绘"、"摄影"、"作词"、"作曲"、"改编"等。

例1
┌─────────────────────────┐
│   政治经济学简明教程   │
│   吴振坤　主编   │
└─────────────────────────┘
　　　　　　　　　　　　　　→第一责任者
　　　　　　　　　　　　　　　（无其他责任者）

例2
┌─────────────────────────┐
│   辛亥革命史稿   │
│   胡绳武　金冲及　著   │
└─────────────────────────┘
　　　　　　　　　　　　　　→第一责任者为两个合著者
　　　　　　　　　　　　　　　（无其他责任者）

例3
┌─────────────────────────┐
│   时事政治问答   │
│   ——高考政治复习参考资料   │
│   陈昌勋　花传贵　涂乃登编   │
└─────────────────────────┘
　　　　　　　　　　　　　　→第一责任者为
　　　　　　　　　　　　　　　三个同编者

例4
┌─────────────────────────┐
│   骨折·拉伤·劳损   │
│   ——运动创伤防治   │
│ 张志廉　杨青山　王振中　张秀明 │
│   编著   │
└─────────────────────────┘
　　　　　　　　　　　　　　→四个编著者均为
　　　　　　　　　　　　　　　第一责任者

例5
┌─────────────────────────┐
│   图　书　分　类　学   │
│   周继良主编   │
│   周绍萍　俞君立　张燕飞编著   │
└─────────────────────────┘
　　　　　　　　　　　　　──→第一责任者
　　　　　　　　　　　　　──→其他责任者

例6
┌─────────────────────────┐
│   燃烧吧！我的青春   │
│   张　藜等词   │
│   张立昆等曲   │
└─────────────────────────┘
　　　　　　　　　　　　　──→第一责任者
　　　　　　　　　　　　　──→其他责任者

例7
┌─────────────────────────┐
│   牧　斋　初　学　集   │
│   （清）钱谦益著   │
│   （清）钱曾笺注   │
└─────────────────────────┘
　　　　　　　　　　　　　──→第一责任者
　　　　　　　　　　　　　──→其他责任者

34

例 8

```
六一诗话
(宋)欧阳修著        ——→ 第一责任者
郑  文  点校        ——→ 其他责任者
```

例 9

```
磁  带  录  像
——理论与实践——
(英)约瑟夫·弗·鲁宾逊著   ——→ 第一责任者
梁洪才  译         ——→ 其他责任者
孙良录  校         ——→ 其他责任者
```

例 10

```
安德罗波夫
对西方的新挑战
(美)A.贝奇曼  M.S.伯恩斯坦著  → 第一责任者为两个合著者
许邦兴  王恩光  刘湘译      → 三个同译者为其他责任者
```

例 11

```
纳撒尼尔·霍桑      ——→ 第一责任者
红  字          ——→ 书名
待  桁  译        ——→ 其他责任者
```

填写说明：

（1）只有第一责任者（即只有一种著作方式的责任者）时，将第一责任者及其著作方式填入"第一责任者及著作方式"栏内。

上例1填写如下：

正书名	政治经济学教程
第一责任者及著作方式	吴振坤主编

（2）同一著作方式的责任者有两个时，应依次填写两个责任者，用"，"相隔；同一著作方式的责任者有三个或三个以上时，则只填写第一个责任者，其后用"等"字。

上例2、3、4填写格式如下：

正书名	辛亥革命史稿
第一责任者及著作方式	胡绳武，金冲及　著

正书名	时事政治问答
副书名及说明文字	高考政治复习参考资料
第一责任者及著作方式	陈昌勋等编

正书名	骨折·拉伤·劳损
副书名及说明文字	运动创伤防治
第一责任者及著作方式	张志廉等编著

（3）既有第一责任者，又有其他责任者时，将第一责任者和其他责任者分别填入相应的栏内。

上例5、6填写格式如下：

正书名	图书分类学
第一责任者及著作方式	周继良主编
其他责任者及著作方式	周绍萍等编著

正书名	燃烧吧！我的青春
第一责任者及著作方式	张藜等词
其他责任者及著作方式	张立昆等曲

（4）中国古代（1911年即民国以前）责任者，必须填写朝代名称，并加"（）"号。

上例7、8填写格式如下：

正书名	牧斋初学集
第一责任者及著作方式	(清)钱谦益著
其他责任者及著作方式	(清)钱曾笺注

正书名	六一诗话
第一责任者及著作方式	(宋)欧阳修著
其他责任者及著作方式	郑文校点

（5）外国责任者应填写国别（外加圆括号）、姓名的汉译名、姓名原文（外加圆括号）。

上例9、10、11填写格式如下：

正书名	磁带录像
副书名及说明书名文字	理论与实践
第一责任者及著作方式	(英)约瑟夫·弗·鲁宾逊 (Joseph F. Robison)著
其他责任者及著作方式	梁洪才译;孙良录校

正书名	安德罗波夫对西方的新挑战
第一责任者及著作方式	(美)A. 贝奇曼(A. Bechman), M. S. 伯恩斯坦(M. S. Bernstein)著
其他责任者及著作方式	许邦兴等译

正书名	红字
第一责任者及著作方式	(美)纳撒尼尔·霍桑 (Nathaniel Hawthorne)著
其他责任者及著作方式	待桁译

（6）团体责任者（包括"××编写组"），依书名页出现的团体责任者的名称填写。

例1

```
               美 国 学 译 文 集
南京大学－约翰·霍普金斯大学中美文化研究室编         →第一
                                                 责任者
```

填写格式如下：

正书名	美国学译文集
第一责任者及著作方式	南京大学－霍普金斯大学 中美文化研究室编

例2

```
        中 共 富 阳 地 方 史 话
            (1927.1~1949.5)
      中 共 富 阳 县 委 党 史 研 究 室 编         →第一
                                                 责任者
```

填写格式如下：

正 书 名	中 共 富 阳 地 方 史 话
副书名及说明文字	1927.1~1949.5
第一责任者及著作方式	中共富阳县委党史研究室编

例3

```
          禽 病 防 治
       《禽病防治》编写组编            ——→第一责任者
```

填写格式如下：

正书名	禽病防治
第一责任者及著作方式	《禽病防治》编写组编

例4

```
            英 语
      陈琳  赵宇辉  主编            ——→第一责任者
     中央电大英语教材编写组编         ——→其他责任者
```

填写格式如下：

正书名	英语
第一责任者及著作方式	陈琳,赵宇辉主编
其他责任者及著作方式	中央电大英语教材编写组编

（7）多卷（册）图书既有整套多卷书的总编者,各个分卷（册）又有各自的责任者时,将整套书的责任者填入"第一责任者及著作方式"栏内,将分卷（册）的责任者填入"其他责任者及著作方式"栏内。

例1

少 年 百 科 词 典
王国忠 主编 →整套书的责任者
生 物 、生 理 分 册
丁正民等编撰 →该分册的责任者

填写格式如下：

正书名	少年百科词典
副书名及说明文字 （包括分卷册书名）	生物、生理分册
第一责任者及著作方式	王国忠主编
其他责任者及著作方式 （包括分卷册责任者）	于正民等编撰

例2

陕西地方志编纂委员会编 →整套书的责任者
陕 西 省 志
第三十九卷
测绘志
陕 西 省 测 绘 局 编 著 →分卷册的责任者

填写格式如下：

正书名	陕西省志	卷(册)次	第三十九卷
		章回数	
副书名及说明文字 （包括分卷册书名）	测绘志		
第一责任者及著作方式	陕西省地方志编纂委员会编		
其他责任者及著作方式 （包括分卷册责任者）	陕西省测绘局编著		

(8)其他责任者不止一种著作方式,即一书有三种以上的著作方式时,将第二种以后的其他责任者及各自的著作方式分别依次填入"其他责任者及著作方式"栏内,用";"相隔。

例1

嘉 靖 宁 夏 志
（明)胡汝砺纂修　　　——→第一责任者
（明)管律重修　　　　——→其他责任者
陈明猷　校勘　　　　——→其他责任者

填写格式如下：

正书名	嘉靖宁夏新志
第一责任者及著作方式	（明)胡汝砺纂修
其他责任者及著作方式	（明)管律重修;陈明猷校勘

例2

新基本粒子观对话
坂田昌一著　　　　　——→第一责任者
庆承瑞 柳树滋 注释　——→其他责任者
张质贤 译　　　　　　——→其他责任者

填写格式如下：

正书名	新基本粒子观对话
第一责任者及著作方式	（日）坂田昌一著
其他责任者及著作方式	庆承瑞,柳树滋注释;张质贤译

（9）现在有些图书书名页上往往只刊载作者姓名而无著作方式,但填写 CIP 数据工作单时,必须填写著作方式,因为著作方式是 CIP 数据中必不可少的数据之一。

著作方式的称谓很多,常见的有以下 26 种:

a. 著:用于创作性文字,即根据自己的见解撰写的著作。包括"撰"、"写"、"创作"、"述"等。

b. 编著:用于除具有自己撰写的文字外,另有整理他人著作材料。包括"编写"、"编著"、"编纂"等。

c. 辑、编、编辑:用于将零散资料或单篇著作汇编成书。仅编排次序而不涉及整理内容,称"辑"。对内容加以编整,称"编"或"编辑",包括"整理"、"编定"、"编订"、"选辑"、"编辑"等。

d. 主编:用于著作编辑或编著工作的主持人。

e. 改编:用于根据某原作改变体裁和内容的改写(编)者。

f. 缩写:用于根据某原作加以简缩,而不失原作面目的缩写者。

g. 执笔:用于集体创作中执笔写作的个人。

h. 报告:用于各级党政领导的工作报告,或科研、生产人员的学术报告及其他形式的报告。

i. 讲(口述)、记:用于主讲或口述人,或记录人。

j. 搜集、整理:用于民间传说、故事、歌谣、民歌的搜集、整理者。

k. 节录:用于从某一(些)原著中节录其中的章节段落成书者。

l. 译、节译:"译"用于由一种文字翻译成另一种文字,或由古汉语译成现代汉语。"节译"用于一书缩译或只译出其中的章节片断者。

m.编译:用于从多种原作中译出有关内容加以编辑,包括"译述"等。

n.编解:用于教科书习题解答。

o.校:用于校雠。

p.注:用于对原作内容或文字的注释,包括"注解"、"注释"、"笺释"、"释"。

q.句读、标点:用于古籍整理断句、标点。

r.补编、补遗、续编:用于继续前著作,加以续补。

s.制定、提出:用于经政府机关公布施行的"法令"、"规章"、"标准"或机关团体公布施行的"规程"、"条例"等。

t.通过、批准:用于标准、规程经审定实施。

u.作、作曲、作词:用于美术、工艺美术作品等,以及音乐、曲谱创作。

v.绘:用于以图画为主的著作。

w.摄:用于摄影作品。

x.书:用于书法、字帖。

y.篆、治印:用于印章等。

z.移植:用于戏曲等。

2.版本及出版项有关名词解释及填写说明

2.1　版次:图书排版的次数,用来标明图书版本的重要变更。

填写说明:

(1)"第1版"可略去不填,从"第2版"起及其以后的各个版次均应填写在"版次"栏内。

例如：

中 国 图 书 馆 图 书 分 类 法
（第 三 版）
中国图书馆图书分类法编辑委员会编

填写格式如下：

正书名	中国图书馆图书分类法	
第一责任者及著作方式	中国图书馆图书分类法 编辑委员会编	
版次	第3版	印次

注:图书的"版次"并不是都反映在书名页上,不少图书只是在版权记录中反映"版次"变更的情况,因此填写工作单时应根据被填图书的实际版次情况填写。

（2）在变更图书版次的同时,往往要对图书的内容进行"修订"或"增订",这种"修订"或"增订"的情况有的反映在图书的书名页上(在书名后标有"修订本"、"增订本"等说明版本改变过程、补充解释版次的文字),有的则在前言后记中加以说明。不管以何种形式反映图书变更版次时的修订、增订的情况,填写工作单时均应在"版次"之后再填写"修订本"、"增订本"字样,外加"（ ）"。

例如：

中 国 画 研 究
修订本
陈兆复著

填写格式如下：

正书名	中国画研究	
第一责任者及著作方式	陈兆复著	
版次	第3版(修订本)	印次

(3)新1版(指从其他出版社转版的图书,版次从第1版算起,称新1版)的图书应在"版次"栏中填写"新1版";如新1版图书的内容有所删增,应在"新1版"之后加"(   )"注明。

例1

版次	新1版	印次	

例2

正书名		武松演义	
第一责任者及著作方式		刘操南著	
版次	新1版(增订本)	印次	

2.2 印次:图书印刷的次数。每种图书应从第1版第1次印刷起累计印次,如第1版已有3次印刷,当第2版第1次印刷时,其印次应为第2版第4次印刷,以后类推。填写时,依据版权记录的印次填写。

2.3 其他版本形式:指图书制版的类型或印刷、复制的方法,包括铅印、胶印、影印、晒印、石印等。填写时,除常见的铅印、胶印可以略去不填外,其他各种制版、印刷方式均应填写。

例如:

正书名		赵孟 六体千字文	
第一责任者及著作方式		赵孟 书	
版次	印次	其他版本形式	影印本

2.4 与本版本有关的责任者:指图书版本(再版或修订版)的审定者、编辑者、插图者、作序者、修改者等参与该版再创作的责任者。

例如:

气 功 强 身 法	
修订本	→补充解释版次的文字
蒋敏达 王崇行 徐定海编	→原编者
王崇行等修订	→与本版有关的责任者

(该书为第2版4次印)

填写格式如下:

正书名		气功强身法	
第一责任者及著作方式		蒋敏达等编	
版次	第 2 版(修订本)	印次	4 次印 其他版本形式
与本版有关的责任者		王崇行等修订	

2.5 责任编辑:指出版过程中对书稿进行修改、加工、整理的责任者。不论责任编辑的名字是否反映在所出版的图书上,填写工作单时均应将该书的责任编辑填入"责任编辑"栏内。

例如:

美 国 当 代 文 学
《世界文学》编辑部
责任编辑:王逢振　邵明瑞

填写格式如下:

正书名	美国当代文学	
第一责任者及著作方式	《世界文学》编辑部编	
与本版有关的责任者	责任编辑	王逢振,邵明瑞

2.6 出版地:指图书的出版者(即出版社)所在地。一书如果由两个或两个以上的出版社共同出版,应分别填写两个或两个以上出版社的不同出版地。

2.7 出版者:出版者一般以出版机构为准,不填写出版机构的代表人。一书由两个或两个以上的出版者共同出版时,几个出版者应依次填写。

例 1

出版地	广州	出版者	花城出版社

出版地	北京 上海	出版者	人民教育出版社 上海教育出版社

2.8 出版年月：即图书出版时间。按图书版权记录的出版时间填写。一书如有几个版次时，出版日期应以最新版次的出版时间为准。填写时，"年"、"月"两字可省略，年、月之间加小圆点。如"1992 年 10 月"填写"1992.10"。

注："出版年月"要求填写图书的实际出版时间，即图书版权记录的出版时间。如果所填时间是估计的时间，那么在收到中国版本图书馆 CIP 部返回的正式数据后，在付排时务必将 CIP 数据上的估计出版时间改为版权记录的出版时间，使其一致。

3. 载体形态项有关名词解释及填写说明

载体形态项反映图书的一些外部特征，包括图书的开本、尺寸、页数或卷册数、附件、字数等。在 CIP 数据工作单中，载体形态项是为 CIP 机读目录准备的数据。由于 CIP 数据产生先于图书出版，图书载体形态项的有关数据可能在填写 CIP 数据工作单时尚未确定。在这种情况下，可不填"载体形态项"，或只填写已经确定了的某些数据。

3.1 页数或卷（册）数：页数一般包括正文页数与正文前后的其他页数。

填写页数时，应注意如下几点：

（1）单本图书有完整的连续页码，即按最后一个页码填写；如无完整的连续页码（或分别编码的合辑图书），可省略页码只填写册数。如"1 册"。

（2）多卷（册）图书集中填写时（指只有一个书号和定价的多卷、册图书，应集中填写一张工作单），可先填写总册数，再填写总页数，加"（）"号，如：3 册（1590 页）、5 册（2015 页）；如无总页数（各册页数单独计算）时，只填总册数，不填页数，如："3 册"、"5 册"。

（3）多卷（册）图书分册填写时（指每册各有单独的书号和定

价,可分别填写工作单),如各分册是连续编码,可填写起讫页码,如:"441~812 页"、"813~1241 页";如各分册是单独编码的,可直接填写各册的页码。

3.2 图表:指刊载于图书内的插图、附图、折图、及照片等。

插图:指包括正文内计算页数的插图和不计算页数的夹
图。

附图:指附于正文之后的图片。

折图:指图幅大于书页折叠于图书内的图、表。

照片:指包括图书正文前后及中间的彩色或黑白照片。

填写时,根据被填图书的具体情况,如实填入"图表"栏内。

3.3 开本或尺寸:指图书面积的大小。填表时,按图书版权记录"开本"的实际记载,填入"开本或尺寸"栏内,如"32 开"、"大32 开"、"16 开"、"大 16 开"等。

3.4 附件:附件是指与图书内容紧密相关、不与图书一起装订而分离于图书之外的附加材料。包括图表、目录、说明书、录音磁带等。填写时,视被填图书的具体情况,如实填入"附件"栏内。如:

附图 1 袋

附说明书 1 册

附录音磁带 3 盒

3.5 字数:图书的字数以正文(包括序、跋、编辑说明、后记、附录、注释等在内)计算。填写时,按版权记录记载的字数填入"字数"栏内,以"千字"为计算单位,如"1580 千字"、"4125 千字"。各种曲谱、画集、地图册、图表可以不填写字数。

3.6 印数:即图书印刷的册数。按版权记录上记载的印数填入"印数"栏内。

4. 丛书项有关名词的解释及填写说明

4.1 丛书:系指在一个总书名下,汇集多种单本图书成为一套,并以编号或不编号方式出版的图书。一般情况下,丛书中各个独立著作的版式、书型、装订形式都是相同的。有的丛书编有序号,有的没有序号。丛书的内容可以是综合性的,也可以是专科性的。丛书的别称有"丛刊"、"丛刻"、"丛编"、"类编"、"大全"、"文库"、"译丛"等。

4.2 正丛书名:即丛书总的名称。填写时将其填入"正丛书名"栏内。

例1

中国古典文学基本知识丛书	——→正丛书名
王充的文学理论	
蒋 祖 怡 著	

例2

中 学 生 文 库	——→正丛书名
中 国 交 通 纵 横 谈	
芮 乔 松 编 著	

例3

外国文学研究资料丛刊	→正丛书名
马克思主义和美学	
——马克思、恩格斯和列宁的美学理论	
〔民主德国〕H.科赫著	
佟 景 韩 译	

以上3例填写格式如下:

正书名	王充的文学理论
第一责任者及著作方式	蒋祖怡著
正丛书名	中国古典文学基本知识丛书

48

正书名	中国交通纵横谈
第一责任者及著作方式	芮乔松编著
正丛书名	中学生文库

正书名	马克思主义和美学
副书名及说明文字	马克思、恩格斯和列宁的美学理论
第一责任者及著作方式	（民主德国）H.科赫（H.Koch）著
其他责任者及著作方式	佟景韩译
正丛书名	外国文学研究资料丛刊

4.3　并列丛书名：与汉文正丛书名相对照的另外一种外国文字的丛书名，即并列丛书名。填写时，将汉文正丛书名填入"正丛书名"栏内，将与其对照的另外一种外国文字的丛书名填入"并列丛书名"栏内。

例如

```
THE WORLD OF ENGLISH BOOKS
英 语 世 界 丛 书          ──→ 并列丛书名
英语习语概论                  ──→ 正丛书名
陈 柏 松 编 著
```

填写格式如下：

正书名	英语习语概论
第一责任者及著作方式	陈柏松编著
正丛书名	英语世界丛书
并列书名	The World of English Books

4.4　丛书责任者：指丛书的主编者、编辑者。可以是个人，也可以是团体。

例 1

```
┌─────────────────────────────────┐
│    精神医学丛书·第二卷           │
│    临床精神医学                 │
│  本卷主编　上海第一医院          │
│          上海市精神病防治院      │
│          南京神经精神病防治院    │
│  丛书主编　四川医学院     ──────→ 丛书责任者
└─────────────────────────────────┘
```

填写格式如下:

正书名	临床精神医学
第一责任者及著作方式	上海第一医院等主编

正丛书名	精神医学丛书	
并列丛书名	丛书序号	第二卷
丛书责任者	四川医学院	

例 2

```
┌─────────────────────────────────┐
│    中国文化史丛书                │
│    周谷城主编         ──────→ 丛书责任者
│    中国岩画发现史                │
│    陈兆复　著                   │
└─────────────────────────────────┘
```

填写格式如下:

正书名	中国岩画发现史
第一责任者及著作方式	陈兆复著
正丛书名	中国文化史丛书
丛书责任者	周谷城主编

4.5　丛书序号:即丛书具有的表示次第的文字及编号。有些丛书是以编号的形式出版的,如上例1;有些丛书是不编号的,如上例2。以编号形式出版的丛书,填写时要将其编号填入"丛书序号"栏内。

例1 "机械丛书 第16种"填写格式如下：

正丛书名	机械丛书	
并列丛书名	丛书序号	第16种

例2 "建筑工人技术学习丛书（五）"填写格式如下：

正丛书名	建筑工人技术学习丛书	
并列丛书名	丛书序号	5

4.6 ISSN：即国际标准连续出版物编号。一些丛书带有连续出版物性质（有卷期或年月标识并无限期连续出版），这类丛书应刊载ISSN编号。如有ISSN编号的丛书，应如实填写在"ISSN"栏内。

4.7 附属丛书名：一套丛书包括有若干套隶属于它的"小丛书"时，这些"小丛书"的名称即为该套丛书的附属丛书名。填写时应将丛书总的名称填入"正丛书名"栏内，将隶属于该套大丛书的小丛书的名称，填入"附属丛书名"栏内。

例1

中国少数民族民间文学丛书 ——→ 正丛书名
故事大系 ——→ 附属丛书名
纳西族民间故事选
中共丽江地委宣传部编

填写格式如下：

正书名	纳西族民间故事选
第一责任者及著作方式	中共丽江地委宣传部编
正丛书名	中国少数民族民间文学丛书
附属丛书名	故事大系

例2

```
        当 代 大 学 书 林          ━━━➤正丛书名
          哲 学 书 系            ━━➤附属丛书名
        从 痛 苦 到 超 越
      ——叔本华与尼采人生哲学批判
          陆杰荣  王本浩著
```

填写格式如下：

正书名	从痛苦到超越
副书名及说明文字	叔本华与尼采人生哲学批判
第一责任者及著作方式	陆杰荣,王本浩著
正丛书名	当代大学书林
附属丛书名	哲学书系

例3

```
        青 少 年 革 命 书 库       ━━━➤正丛书名
      伟 大 的 历 程 丛 书        ━━━➤附属丛书名
          第 三 分 册            ━━━➤附属丛书序号
        土 地 革 命 的 枪 声
          陆永山  李蓉编著
```

填写格式如下：

正书名	土地革命的枪声		
第一责任者及著作方式	陆永山,李蓉编著		
正丛书名	青少年革命文库		
附属丛书名	伟大的历程丛书	附属丛书序号	第三分册

 4.8 附属丛书序号:即附属丛书中表示次第的文字及编号。填写如上例3。

 注:有关丛书的情况(包括正丛书名、并列丛书名、附属丛书名、丛书责任者等等),有的图书反映在书名页上,有的则反映在附书名页、封面、版权记录等处,为讲述方便,以上举例时将有关丛

书的情况均集中于书名页,请谅解。

5. 附注项填写说明

附注项是对其他各项内容的补充说明。凡属在书名与责任者项、版本及出版项、载体形态项、丛书项等不便或不能如实反映的图书形式特征均可填入此项。主要包括:(1)翻译图书的书名原文;(2)影印图书的影印依据;(3)新 1 版图书的原出版者;(4)书名前后所题的说明教材性质及读者对象的文字;(5)改编作品的改编依据;(6)图书的发行方式等。现分别举例如下:

(1)翻译图书的书名原文:翻译图书不仅要在责任者项填写原著者姓名的汉译名和姓名的外文原名,还必须在"附注项"填入翻译图书的书名原文。

例 1

```
           灾  害  医  学
    [英]P. 巴斯克特
                      主编
    [英]R. 韦    勒
           张  建  平  译
      人  民  军  医  出  版  社
```

填写格式如下:

正书名	灾害医学			
第一责任者及著作方式	(英)P. 巴斯克特(Peter Baskett), R. 韦勒(Robin Weller)主编			
其他责任者及著作方式	张建平译			
出版地	北京	出版者	人民军医出版社	出版年月	1992.3
附注项	书名原文:Medicine for Disasters			

例2

```
了 解 你 的 基 因
（美）A. 米伦斯基著
杨升鸿等译


上海科学技术文献出版社
```

填写格式如下：

正书名		了解你的基因		
第一责任者及著作方式		（美）A. 米伦斯基（A. Milunsky）著		
其他责任者及著作方式		杨升鸿等译		
出版地	上海	出版者	上海科技文献出版社	出版年月
附注项		书名原文:Know Your Genes		

（2）影印图书的影印依据:影印的图书除了应在"其他版本形式"栏填写"影印本"外,还应在附注项填入影印的依据。

例如：

```
后 山 居 士 文 集
（影印本）
（宋）陈师道 撰


上 海 古 籍 出 版 社
```

填写格式如下：

正书名		后山居士文集		
第一责任者及著作方式		（宋）陈师道撰		
版次		印次	其他版本形式	影印本
出版地	上海	出版者	上海古籍出版社	出版年月
附注项		据北京图书馆藏宋刻本影印		

（3）新1版图书的原出版者:

54

例如：

（该书为新 1 版，原由河北人民出版社 1998 年第 1 版）

填写格式如下：

正书名			红学史稿	
第一责任者及著作方式			韩进廉著	
版次	新 1 版	印次	其他版本形式	
出版地	石家庄	出版者	河北教育出版社	出版年月
附注项			本书原由河北人民出版社出版	

（4）书名前后所题的说明教材性质及读者对象的文字，包括
"×××教材"、"×××专业用"、"×××教学用书"等字样，均
应填入附注项。

例 1

填写格式如下：

正书名			中国法律思想史	
第一责任者及著作方式			《中国法律思想史》编写组编	
出版地	北京	出版者	法律出版社	出版年月
附注项			高等院校法学教材	

例2

```
北京市高等教育自学考试用书
     古　代　汉　语
   张　之　强　主编

  北京师范大学出版社
```

填写格式如下：

正书名	古代汉语		
第一责任者及著作方式	张 之 强 主编		
出版地	北京	出版者	北京师范大学出版社	出版年月	
附注项	北京市高等教育自学考试用书		

(5)改编作品的改编依据：经过改编的文艺作品,体裁改变后,改编者即为第一责任者,原著的情况要填入附注项。

例如：

```
    ［越　剧］
   祥　林　嫂

  鲁　迅　原著

 袁雪芬　吴琛　庄志改编
```

填写格式如下：

正书名	祥林嫂		
副书名及说明文字	越剧		
第一责任者及著作方式	袁雪芬等改编		
出版地		出版者		出版年月	
附注项	根据鲁迅原著《祝福》改编		

(6)图书的发行方式：说明图书出版发行特点的文字,如"内部读物"、"内部发行"、"限国内发行"等字样应填入附注项。公开发行的图书不必在"附注项"反映。

例如：

农业区划与山区建设
中共贵州省委员会办公厅 贵州省农业区划委员会 编
（内部发行）
贵 州 人 民 出 版 社

填写格式如下：

正书名	农业区划与山区建设		
第一责任者及著作方式	中共贵州省委员会办公厅,贵州省 农业区划委员会编		
出版地 贵阳 出版者	贵州人民出版社	出版年月	
附注项	内部发行		

6. 国际标准书号、装订形式及价格项填写说明

6.1 国际标准书号（ISBN）：我国于 1986 年初加入"国际标准书号"的管理机构——国际 ISBN 中心，并成立了中国 ISBN 中心,1987 年 11 月 1 日起正式采用"国际标准书号"（ISBN）。目前正式出版的图书都载有国际标准书号。应准确填写 ISBN 号。

6.2 装订形式：图书的装订形式,除平装可以省略外,其他装订形式均应填入"装订形式"栏内,如"精装"、"线装"、"盒装"、"折叠装"等。

6.3 价格：图书价格以人民币为准,依照版权记录所题实际价格填入"价格"栏内。

7. 提要项

注：在"工作单"所包括的八个项目中,提要项的填写举足轻重,它直接关系图书分类、主题标引的正确与否,直接影响 CIP 的

质量。因为在版编目是在无法见到书稿的情况下进行分类、主题标引的,了解图书的内容只能依靠工作单上所提供的"内容提要",因此,必须重视对该项的填写。

提要项填写要求:

(1)内容提要是供标引人员进行分类、主题标引使用的,因此不需要任何修饰性的语句和宣传性的文字,只要求用简洁的语言准确地概述一书的主题内容即可。

例1 《了解你的基因》

本书系统介绍了人类遗传学的基础理论和基本知识,介绍了最新的重要进展以及采用什么方法进行检查和应该采取的措施。

例2 《"轻薄短小"的时代》

"轻薄短小"是当今顾客对商品需求的特点,本书详尽介绍了日本各企业为顺应产品特点所作的种种努力。

例3 《从包豪斯到现在》

本书对西方建筑近六十年的发展作了叙述和评论,可供建筑历史、理论工作者及设计人员参考。

(2)一些涉及新学科、新概念的著作,应对所涉及的新学科、新概念加以简介。

例1 《灰色系统理论及其应用》

部分信息已知、部分信息未知的系统称为灰色系统。本书介绍灰色系统理论的概念、原理、方法及其最新进展,包括 GM 模型、灰色预测、灰色关联分析、灰色统计与灰色聚类、灰色决策等。

例2 《灾害医学》

灾害医学是一门研究灾害对人类生存的影响及灾后医疗救护问题的新兴学科。本书由美、英等 7 国的 33 位灾害医学专家编撰而成。书中对灾害医学的各个方面都进行了比较系统的论述,尤其对救灾计划的制定、伤病员的分类及后送、灾害现场的组织管理、灾后传染病及流行病学监测等方面进行了重点阐述。

（3）个人的选集、全集要先介绍该人生平、职业,再介绍文集的内容,以便准确地归入所属的学科。

例 1 《沈有鼎文集》

本书收入中国现代著名逻辑学家、哲学家沈有鼎先生的学术论著 30 余篇,包括《周易卦序分析》、《论自然数》、《墨经的逻辑学》等。

例 2 《福尔马尔文选》

格奥尔格·福尔马尔是第一次世界大战前德国社会民主党领袖,也是机会主义的一个主要代表人物。本书选译了他各个时期的代表性言论和作品。

例 3 《韦丛芜选集》

韦丛芜(1905～),现代作家、文学翻译家。本集包括创作和翻译两部分内容。

（4）文学作品(包括小说、诗歌、报告文学、散文)的体裁是分类标引和主题标引必不可少的依据,因此应有对体裁的说明。

例 1 《勿忘草》

煤矿工人散文集。歌吟了作者对祖国、亲人、朋友及大自然的无比真诚的爱。

例 2 《战争和人》

这部长篇小说以一个国民党高级官吏及其一家人的遭际为主线,扇形地推向社会的各个层面,展现了抗日战争的历史画卷。

（5）艺术类图书中绘画技法、绘画作品一类的图书,要说明绘画技法及绘画作品的种类。

例 1 《青少年学画导引》

本书作者以自己三十年创作国画的经验和体会,阐述了中国画笔墨的神秘理法。

例2 《郭西河画集》

本书收入鲁迅美术学院教授郭西河的国画作品88幅,有早期的人物画,也有兴盛时期的花鸟画及晚期的大泼墨。

(6)传记类图书(包括回忆录、纪念文集等),首先应介绍被传人的情况(包括国别、生平、职业、及主要成就等),其次再介绍图书的内容。

例1 《蓦然回首——林祥雄的人生道路》

本书介绍了当代新加坡著名画家林祥雄的一生。

例2 《温斯坦莱传》

温斯坦莱是17世纪英国空想社会主义者、掘地派的领袖,本书记述了他光辉的一生,再现了他领导的"掘地派运动"的历史片断。

例3 《论陶澍》

陶澍是我国清代嘉庆、道光时期的政治家、改革家、学者。本书是陶澍逝世150周年学术讨论会的论文集。

(7)对于一些专业性较强的技术专著,除了介绍内容外,还应介绍读者对象。

例:《热塑性弹性体手册》

本书汇编了美国生产的聚烯烃、苯乙烯与丁二烯或异戊二烯的嵌段共聚物、聚酯和聚氨酯四大类热塑性弹性体以及烯醋酸乙烯酯、离子方聚合物等新型热塑性弹性体的技术资料,可供从事橡胶与塑料加工以及热塑性弹性体生产、科研、使用部门的技术人员参考。

(8)对不易写出提要的图书,可列出原书的主要篇目。

例:《系统工程方法论》

本书分五章:系统工程引论;系统概念和系统开发的模型;系统工程系统;系统工程中的模型方法论;系统开发的决策系统问题。

8. 排检项:排检项是作为各种排检点的根据,用于制作主题标目(主题词)和分类标目(分类号)

8.1　主题词:依据《汉语主题词表》标引。

8.2　分类号:依据《中国图书馆图书分类法》标引。

注:出版社如不能准确给分类号和取主题词,排检项可空置不填。

图书在版编目（CIP）数据工作单

1、书名与责任者项	正书名					卷（册）次
						章回数
	交替书名					
	包括	合订名				
	并列书名					
	副书名及说明文字（包括分卷册书名）					
	文种、各种文字对照					
	第一责任者及著作方式	见注（1）				
	其他责任者及著作方式（包括分卷册责任者）	见注（1）				
2、版本及出版项	版次			印次	责任编辑	其他版本形式
	与本版有关的责任者					
	出版地			出版者		出版年、月
3、载体形态项	页数或卷册数			图表		开本或尺寸
	附件			字数	千字	印数
						册

62

	正丛书名		丛书序号
4、丛书项	并列丛书名		ISSN
	丛书责任者		
	附属丛书名		附属丛书序号
5、附注项	见注(2)		
6、国际标准书号、装订形式、价格	ISBN		
	装订形式		价格
7、提要项	内容提要:		
8、排检项	主题词		
	分类号		

注:(1)外国责任者(第一责任者或其他责任者)必须填写国别、姓名的汉译名及姓名原文;中国责任者(民国以前)必须填写朝代名称;著作方式包括"著"、"编著"、"编"、"编辑"、"主编"、"改编"、"缩写"、"译"、"注"等。

(2)附注项内容包括:翻译图书名书名原文;影印图书的影印依据;新1版图书的原出版者;书名前后题有"×х学校教学参考书"等字样;书名变更的原书名;图书附录等。

填表人:＿＿＿＿＿　填制单位:＿＿＿＿＿　填制时间:＿＿＿＿＿

63

第八章　问题解答与实例

问:怎样理解"每种图书填写一份工作单"?

答:新闻出版署《关于在京出版社实施"图书在版编目(CIP)"有关问题的通知》(新出办〈1993〉1611号)规定,从1994年1月1日起,每种图书(指初版图书及修订再版图书,不包括重印图书)均应按照在版编目数据(CIP)工作单所规定的内容在发排期间填写一份工作单。这里,《通知》所指"每种图书"的含义是:一个ISBN编号所代表的图书。即出版社每使用一个ISBN编号,就要在发排时填写一份CIP数据工作单。

两种书填写一份工作单,只有在一种情况下是可以的,即一书的平装本和精装本。填写如下例:

ISBN	7 – 5339 – 0612 – 8(精)
	7 – 5339 – 0581 – 4(平)

印数	(精)　2000　册
	(平)　6000

价格	(精)　20.00元
	(平)　16.80元

问:"(京)新登字××号""(　)登××号"印在主书名页背面何处?

答:"(京)新登字××号""(   )新登字××号"等出版物的地区登记号,一般仍可印在主书名页背面的左上方。它是主书名页背面排版的第一项内容。

问:责任编辑排在何处?

答:责任编辑除不能印在图书封面、主书名页(正面及背面)外,可登载于附书名页或封三、封四、勒口等处。

问:内容提要排在何处?

答:图书书名页的国家标准对内容提要的位置未作规定。而在执行书名页标准后,主书名页背面由于要印 CIP 数据,就很难再印上内容提要。所以,"内容提要"最好不再印在主书名页背面。可以印在封三、封四及勒口处。有护封的图书,其内容提要可印在护封上。如还有困难,只要主书名页背面 CIP 数据上方和"京登……"下面有地方,也可考虑印上内容提要,但注意要和 CIP 数据间隔一定距离。

问:已制作 CIP 数据的图书不能按期出版(暂停或延迟出版),或终止出版,出版社应做什么工作?

答:应及时将暂不出版或停止出版的信息,反馈给 CIP 数据审核机构(中国版本图书馆),只要说明哪一个 ISBN 号的书暂不出版或不再出版即可。

问:图书在版编目(CIP)数据国家标准中 CIP 数据排检项的印刷格式有了哪些变化?

答:从 1994 年 1 月起,由中国版本图书馆在版编目部返还给出版社的 CIP 数据的排检项,其印刷格式有了变化。

如原来的格式:

Ⅰ.地……

Ⅱ.杨……

Ⅲ.①地产－经营管理②土地价格－评价

Ⅳ.F301.3

今后的格式：

    Ⅰ.地……Ⅱ.杨……Ⅲ.①地产－经营管理②土地
价格－评价Ⅳ.F301.3

这是为了节省书名页背面的版面采取的作法。

问:由中国版本图书馆在版编目部编号的"其他注记"项的意义是什么?

答:从1994年1月1日起,由中国版本图书馆在版编目部返还给出版社的CIP数据多了个项目,即"中国版本图书馆CIP数据核字(94)第××××号"一行文字。它是CIP数据的"其他注记"项。

"其他注记项"是CIP数据的第四部分,位于"检索数据"下空一行的版面,占用版面一行。"其他注记项"是CIP数据的登记顺序号。它由"编制审核单位"、"编制审核时间(年)"和登记号"第××××号"组成。该项赋予每种图书的CIP数据一个登记号。它是在版编目数据单审核机构管理CIP数据的标志。

问:CIP数据中的图书分类号,与出版社取的在确定ISBN号码中的分类种次号有什么不同?

答:如果对《中图法》的理解和掌握标准一致的话,两者的大类号应该是完全一样的,不同的只是后面数字部分。前者的数字(有时在第三位数字后有中圆点符号再出现第四、五……位数字),是代表分类法中一级一级的类目符号,后者是出版社本身出某一大类的书(或所有书)的顺序号。

例如:《最新俄汉实用交际手册》,CIP数据中,分类号是C912.3－62,出版社认为ISBN号中(自定的)H·086就是分类号。这是错误的。CIP数据所给分类号,要求按《中国图书馆图书分类法》,将图书分到能充分反映其内容的类目里。如:"C912.3－62"的C代表社会科学总论,C91代表社会学,C912代表社会结构和社会关系,C912.3代表社会结构和社会关系中的社会关系,包括公共关系等。C912.3 后的"‑62"是复分号,指该书是一种"手册"。

问:CIP 数据应排在主书名页的什么位置,用什么字体、字号?

答:CIP 数据应排在主书名页背面中部偏上的位置。

图书在版编目数据所用字体一般为 5 号宋体,其中第一段"图书在版编目(CIP)数据"为 5 号黑体,其余三段(著录数据、检索数据、其他注记)为 5 号宋体。四个段落应该用一种字号。

问:出版社能不能自己制作 CIP 数据?

答:有的出版社认为自己有能力制作 CIP 数据,因而没有通过 CIP 数据审核机构就将自行制作的 CIP 数据印在书上。

我们认为,有的出版社是有力量自行制作 CIP 数据的。但是,按照新闻出版署的规定,各出版社的 CIP 数据,必须经中国版本图书馆 CIP 部审核,或者由各省市出版局认可的机构审核、报中国版本图书馆存查。只有这样才能保证印在书上的 CIP 数据的准确和规范。从已见到的自行制作的 CIP 数据,确实做的不正确(见附七例 24、25)。

问:中国版本图书馆将审核好的 CIP 数据返回后,出版社应做哪些工作?

答:首先,将在填报工作单时,还没有办法填写的项目(如定价)、最后有变动的项目(如出版日期),把它们填上或改正。其次,如发现有错、漏字,应及时与审核机构联系核准。这里应特别注意不要自己想怎么改就怎么改,想怎么排版就怎么排版,造成最后印出来的数据不符合国家标准。

问:工作单中排检项的分类号和主题词怎样填写?

答:在版编目数据工作单第 8 项是排检项。该项包括图书分类号和主题词两栏。总的要求:能填即填,不能填则空置不填。

问:实行图书书名页的国家标准后,图书的"版权记录"比以前少了哪些项目?

答:以前,版权页上的各个项目,是按出版领导部门规定的标准确定印制的。由于"图书书名页"和"图书在版编目数据"两个标准的颁布,取消了"版权页"的称谓,并确定 CIP 数据及版权记录都应放在主书名页的背面,同时"有所分工"。CIP 数据已出现的书名,作者(或译者……),不再在"版权记录"中出现,避免了重复出现的现象。同时"版权记录"中的××社出版、××书店发行、××厂印刷的顺序,应改为:××社出版,××厂印刷,××书店发行。

问:没有主书名页的书籍,CIP 数据排在什么地方?

答:有些图书,如地图册、乐谱等没有主书名页。其 CIP 数据可随"版权记录"印在封三或封四。

问:出版社能不能改变 CIP 数据的制版格式?

答:以下是图书在版编目数据的制版格式:

□图书在版编目(CIP)数据

□×××××××××××××××××××××

×××××××

□×××××××××

□×××××

□×××××××

□×××××□×××××□×××××□×××××

□×××××

格式中"□"表示空 1 格,"×"表示具体数据(包括数据中的符号)。CIP 数据审核机构(中国版本图书馆),在审核出版社送来的工作单后,按照这一制版格式加工成标准的 CIP 数据,返回出版社照排即可。出版社只是确定一下字号、位置。或者如前面提到的,在最后确定"定价"、"出版日期"后进行补充外,均不要变动返回去的数据(除非经过商定后方许改动)。

问:如何填写翻译、著作的外国作者的国别及姓名原文?

答:外国著者的国别及姓名原文在 CIP 数据中是很重要的数据,要尽可能地填写,尤其是文学作品(包括加入外国国籍的海外华人文学作品)。作者的国籍是确定 CIP 数据中图书分类号和主题词的重要依据,否则会造成标引错误。如美籍华人作家萧逸的武侠小说《龙吟曲》,由于出版社填报工作单时,未填作者国籍,标引人员对这位作家不很熟悉,以为是中国作家,结果标引成:

主题词:①长篇小说－中国－现代

②侠义小说－中国－现代

分类号:I247.5

正确的标引应该是:

主题词:①长篇小说－美国－现代

②侠义小说－美国－现代

分类号:I712.45

外国作者的外文原名同样应该正确填写,因为它将存入计算机数据库,并为统一该作者的中文译名提供依据。

附一

中华人民共和国国家标准:图书书名页

（Title leaves of books GB12450 –90）

本标准等效采用国际标准 ISO 1086 –87《图书书名页》。

1　主题内容与适用范围

本标准规定了图书书名页上的文字信息及其编排格式。

本标准适用于印刷出版的图书等。

2　引用标准

GB 788　图书杂志开本及其幅面尺寸

GB 5795　中国标准书号

GB 12451　图书在版编目数据

3　术语

3.1　书名页　title leaves

图书正文之前载有完整书名信息的书页,包括主书名页和附书名页。

3.2　主书名页　title page

载有完整的书名、著作责任说明、版权说明、图书在版编目数据、版本记录等内容的书页。

国家技术监督局 1990 –07 –3\批准　　1991 –03 –01 实施

3.3 附书名页 half-title page

载有多卷书、丛书、翻译书等有关书名信息的书页,通常位于主书名页之前。

3.4 著作责任者 author

对图书的知识内容或艺术内容的创作、编纂、翻译负直接责任的个人或团体。

3.5 图书在版编目数据 CIP data

经图书在版编目产生的,并印制在图书主书名页背面的书目数据。

4 主书名页

4.1 主书名页正面

提供图书的书名、著作责任者、出版者。

位于单数页码面。

4.1.1 书名

书名包括正书名、并列书名、副书名及说明书名文字。

正书名的编排必须醒目。正书名、并列书名、副书名、说明书名文字及著作责任者均应易于识别。

说明书名文字包括必要的版次说明。

4.1.2 著作责任者

著作责任者名称采用全称。

翻译书应包括原著作责任者的译名。

多著作责任者可只列载主要著作责任者。

4.1.3 出版者

出版者名称采用全称,并标出其所在地。

4.2 主书名页背面

提供图书的版权说明、在版编目数据和版本记录。位于双数页码面。

4.2.1　版权说明

按有关法规的规定执行。

4.2.2　图书在版编目数据

图书在版编目数据前冠以"图书在版编目(CIP)数据"字样。

图书在版编目数据的选取及编排格式执行 CB 12451 的有关规定。

排印在主书名页背面的中部位置。

4.2.3　版本记录

提供图书在版编目数据未包含的印刷发行、载体形态等记录；提供出版人项。

排印在主书名页背面下部位置。

4.2.3.1　印刷发行记录

印刷者、发行者均采用全称。

列载第 1 版、本版、本次印刷的年月。

列载印张数、字数、印数、定价。

4.2.3.2　载体形态记录

根据 GB 788 的规定列载开本及其幅面尺寸。

列载附件的类型和数量。如"附 8 开地图 3 张"，"附 3 盒录像带"。

4.2.3.3　出版人姓名

即出版社主要负责人姓名。一个出版社在同一时期内只能有一个出版人。

5　附书名页

附书名页可以是一页或一页以上。

5.1　附书名页列载：

多卷书的总书名、主编或主要著作责任者；

丛书名、丛书主编；

翻译书的原著书名、著作责任者、出版者的原文、出版年及原版次；

多语种书的第二种语言之书名、著作责任者、出版者；

多著作责任者书的全部著作者名称。

5.2 附书名页的信息一般列载于双数页码面，与主书名页正面相对应。

必要时，可以使用附书名页正面，或增加附书名页。

5.3 不设附书名页时，附书名页的书名信息需列载于主书名页正面上。

附加说明：

本标准由图书在版编目工作领导小组提出。

本标准由全国文献工作标准化技术委员会第七分会归口。

本标准由"图书在版编目国家标准起草小组"负责起草。

附：国家标准《图书书名页》说明及图例

国家标准《图书书名页（Title leaves books）》（GB12450－90）由全国文献工作标准化技术委员会第七分会组织制定，由"图书在版编目国家标准起草小组"从 1987 年 7 月开始起草，经国家技术监督局 1990 年 7 月 31 日批准发布，自 1991 年 3 月 1 日起在全国组织实施。为实现我国图书出版工作的标准化、规范化作出了积极贡献。

1 主题内容与适用范围

本标准适用范围，主要指以印刷方式单本刊行的出版物，包括汇编本、多卷书、丛书等，但不包括线装古籍、连续出版物及各种非书资料。

2　引用标准

GB788　图书杂志开本及其幅面尺寸

国家标准《图书杂志开本及其幅面尺寸（Formats and their sizes of books and magazines）》（GB788 - 87），由国家出版局负责起草，国家标准局 1987 年 2 月 23 日批准发布，1987 年 12 月 1 日起在全国组织实施。它适用于一般图书（包括教科书）和杂志，不适用于需要采用特殊开本的图书和杂志。开本及其幅面尺寸如下表：

mm

系列	未裁切单张纸尺寸	已裁切成开本		
		开数	代号	公称尺寸
A	800 × 1230M	16	A4	210 × 297
	800M × 1230	32	A5	148 × 210
	800 × 1230M	64	A6	105 × 144
	900 × 1280M	16	A4	210 × 297
	900M × 1280	32	A5	148 × 210
	900 × 1280M	64	A6	105 × 144
B	1000M × 1400	32	B5	169 × 239
	1000 × 1400M	64	B6	119 × 165
	1000M × 1400	128	B7	82 × 115

由于设备、纸张以及原有纸型等原因，新旧标准尚需有个过渡阶段。原 787mm × 1092mm 纸张的开本，可作为过渡期间（到公元 2000 年）仍可沿用但要逐步淘汰的一种非标准开本。其规格尺寸仍按原标准的规定执行。即：

mm

未裁切单张纸尺寸	开本尺寸		
	16 开本	32 开本	64 开本
787 × 1092	188 × 260	130 × 184	92 × 126

GB5795　中国标准书号

国家标准《中国标准书号（China standard books number）》（GB5795 – 86），由国家出版局负责起草，国家标准局1986年1月批准发布，1987年1月1日起在全国组织实施。它是在采用国际标准书号（1972年，由国际标准化组织〈ISO〉以 ISO2108《国际标准书号》颁布的一项国际标准化的编码系统，在国际上获得了广泛采用）的基础上，结合中国国情作了适当补充而制订的新标准。这一标准代替了已实施了30多年的全国统一书号。它包括"国际标准书号"和"图书分类——种次号"两部分组成。其中"国际标准书号"（ISBN）是中国标准书号的主体，可以独立使用。

"国际标准书号"都由10位数字组成，前面均冠以"ISBN"字母。这10位数字为不同长度的四段，每段之间用连字符隔开。这四段的名称分别为：组号、出版者号、书名号和校验位。

例如：组号 – 出版者号 – 书名号 – 校验位

ISBN 7 – 01 – 001862 – 6

ISBN 90 – 7000 – 134 – 5 等。

"图书分类——种次号"由图书所属学科的分类号和该类图书的种次号两段组成，其间用中圆点"·"隔开。"分类号"依据《中国图书馆图书分类法》分类给号；"种次号"是同一出版社所出版的同一类图书的流水编号。其最大数字不得超过 ISBN 编号第三段书名号的数字。

中国标准书号构成举例如下：

国际标准书号

$$\overbrace{\text{ISBN } 7 - 01} \overbrace{- 001862 - 6}$$

D   494

分类号   种次号

可以写成:$\dfrac{\text{SBN } 7 - 01 - 001862 - 6}{D \cdot 494}$或

ISBN 7 – 01 – 001862 – 6／D · 494

中国标准书号的实施为图书的分类、统计、销售及陈列创造了方便条件,也为图书管理及图书贸易利用计算机等现代化技术开辟了广阔的前景,增加了可靠性。

3 书名页(Title leaves)

图书正文之前载有完整书名(包括著作责任者、出版者)和出版信息的书页,称为书名页。包括主书名页和附书名页。(见例一、例二)

我国编辑出版部门,习惯于把"主书名页"称为"扉页",或称"内封面"、"里封面"、"副封面"等;而把"附书名页"称为"衬页",也叫"护页",往往是空白的,没有刊载任何信息,不能起到"附书名页"的作用。

4 主书名页

主书名页包括"主书名页正面"和"主书名页背面"。"主书名页正面"位于单数页码面,主要刊载图书的书名、著作责任者、出版者,也有标出出版者所在地。(见例一、例二)"主书名页背面"位于双数页码面,主要刊载图书的版权说明、图书在版编目数据和版本记录。其中图书在版编目数据前冠以"图书在版编目(CIP)数据"字样,排印在主书名页背面的中部位置。版本记录是指图书在版编目数据中未包含的印刷发行、载体形态等记录,如印刷者、发行者、版次、印次及本版本次的印刷时间、印张数、字数、印数、开本及其幅面尺寸、定价等。版本记录项目均排印在主书名页背面的下部位置。(见例一、例二)

图书在版编目（CIP）数据

人才：第一资源／甄源泰著．—沈阳：辽宁少年儿童
出版社，1991.5
（国情丛书／关家鹤主编）
ISBN 7-5315-09080-3

Ⅰ．人…
Ⅱ．甄…
Ⅲ．人才－问题－中国
Ⅳ.C96

辽宁少年儿童出版社出版
（沈阳市南京街 6 段 1 里 2 号）
朝阳新华印刷厂印刷　辽宁省新华书店发行
1991 年 5 月第 1 版　1991 年 5 月第 1 次印刷
开本：787×1092 毫米 1/32　印张：51/2 插页：2
字数：110 千字　　　印数：0～30000 册
　　　　　　　　　定价：2.00 元

人才：第一资源

甄源泰著

辽宁少年儿童出版社
·沈阳·

图书在版编目（CIP）数据

人文类型／（英）弗思（Firth,R.）著；费孝通译．一修订版．一北京：商务印书馆，1991.1.
（汉译世界学术名著丛书）
书名原文：Human types
据英国斯菲尔图书公司1975年修订本译出
ISBN 7-100-00784-4

I.人...
II.①弗...②费...
III.社会人类学
IV.C912.4

商务印书馆出版
（北京王府井大街36号）
河北香河县第二印刷厂印刷 新华书店北京发行所发行
1944年重庆初版 1991年北京修订第1版 1991年1月第1次印刷
开本：850×1168 毫米1/32 印张：55/8 插页:8
字数:130千字 印数:0~3800册 定价:3.15元

人 文 类 型
（英）Raymond Firth
雷蒙德·弗思著
费孝通译

商务印书馆
·北京·

5 附书名页

附书名页是与主书名页正面相对应的,列载的信息一般是在双数页码上。如有必要,可以使用附书名页正面(单数页码),或增加附书名页。

附书名页列载的内容,包括:多卷书的总书名、主编或主要著作责任者(见例三);丛书名、丛书主编及编辑人员(见例四);翻译书的原著书名、著作责任者、出版者的原文、出版年及原版次(见例五);多语种书的第二种语言之书名、著作责任者、出版者(见例六);多著作责任者图书的全部著作者名单(见例七)。

多卷书——主书名页正面格式

广东南雄古新世贫齿目化石

丁素因著

科学出版社
·北京·

例三：多卷书——附书名页格式

中国古生物志

总号第173册

新丙种第24号

中国科学院南京地质古生物研究所　编辑
中国科学院古脊椎动物与古人类研究所

丛书—主书名页正面格式

生态农业技术

卞有生著

中国环境科学出版社
·北京·

例四：丛书—附书名页格式

环境工程治理技术丛书
《环境工程治理技术丛书》编辑委员会

主　编　张崇华
副主编　顾国维　沈光范　刘秀茹
　　　　臧玉祥
编　委　魏　平　朱跃华　程若法
　　　　彭志良　黄文国　蒋如质
　　　　曹凤中　官　伟　蒋琪瑛

翻译书—主书名页正面格式

奥德利夫人的秘密

(英) Mary Elizabeth Braddon

玛丽·伊丽莎白·布雷登著

吴岩译

上海译文出版社

·上 海·

例五:翻译书—附书名页格式

Mary Elizabeth Braddon

LADY AUDLEY'S SECRET

根据 Oxford University Press:

The World's Classics 1987 年版

译出

英语同义词用法指南
于 健编著

大连海运学院出版社
·大 连·

GUIDE TO SYNONYMS
AND RELATED WORDS OF
ENGLISH FOR CHINESE STUDENTS

Yu Jian

多著作责任者—主书名页正面格式

评校柳选四家医案

（清）柳宝诒撰
洪嘉禾　潘华信评校

上海中医学院出版社

例七：多著作责任者—附书名页格式

静香楼医案　二卷
（清）尤在泾撰
继志堂医案　二卷
（清）曹仁伯撰
环溪草堂医案　三卷
（清）王旭高撰
爱庐医案　二十四则
（清）张仲爰撰
根据上海中医学院图书馆藏瑞文楼、惜除小
舍光绪甲辰（1904年）刊本排印

附二
中华人民共和国国家标准:图书在版编目数据
（Cataloguing in publication data in the book GB12451－90）

1 主题内容与适用范围

本标准规定了图书在版编目数据的内容和选取规则以及印刷在图书主书名页背面的格式。

本标准适用于为在出版过程中的图书编制书目数据。

2 引用标准

GB3792.2 普通图书著录规则

GB3860 文献主题标引规则

GB12450 图书书名页

3 术语

3.1 图书在版编目 cataloguing in publication

依据一定的标准,为在出版过程中的图书编制书目数据。

3.2 图书在版编目数据 ClPdata

经图书在版编目产生的,并印刷在图书主书名页背面的书目数据。

国家技术监督局 1990－07－31 批准　　1991－03－01 实施

3.3 主题检索点 subject access point

标引图书内容的主题,并用以检索图书的规范化的词、词组或短语。

3.4 分类检索点 classifying access point

标引图书内容的学科属性或其他特征,并用以检索图书的分类号码。

4 图书在版编目数据内容

图书在版编目数据内容区分为著录数据和检索数据两个部分。

4.1 著录数据

本部分是对图书识别特征的客观描述。包括6个著录项目:书名与著作责任者项、版本项、出版项、丛书项、附注项、标准书号项。

GB3792.2中为一般书目著录规定的文献特殊细节项、载体形态项、提要项不适用于图书在版编目数据。

4.1.1 书名与著作责任者项

a. 正书名(包括交替书名、合订书名),

卷数(与中国古籍书名相连的),

章回数(与中国章回小说书名相连的);

b. 并列书名;

c. 副书名及说明书名文字;

d. 第一著作责任者;

e. 其他著作责任者。

4.1.2 版本项

a. 版次及其他版本形式;

b. 与本版有关的著作责任者。

4.1.3 出版项

    a. 出版地；
    b. 出版者；
    c. 出版日期。

4.1.4   丛书项

    a. 正丛书名；
    b. 并列丛书名；
    c. 丛书著作责任者；
    d. 国际标准连续出版物编号（ISSN）；
    e. 丛书编号；
    f. 附属丛书名；
    g. 附属丛书编号。

4.1.5   附注项

    a. 译著的说明；
    b. 翻印书的说明；
    c. 各项的附加说明。

4.1.6   标准书号项

    国际标准书号（ISBN）。

4.2   检索数据

    本部分提供图书的检索途径，包括图书识别特征的检索点和内容主题的检索点。

4.2.1   图书识别特征的检索点

    a. 正书名（包括交替书名、合订书名），
        卷数（与中国古籍书名相连的），
        章回数（与中国章回小说书名相连的），
        分卷（册）次及分卷（册）书名；
    b. 副书名；
    c. 第一著作责任者；
    d. 译著的非第一著作责任者的译者；

e. 其他著作责任者；

f. 正丛书名；

g. 丛书著作责任者；

h. 附属丛书名。

4.2.2 内容主题的检索点

a. 主题；

b. 分类。

5 图书在版编目数据的项目标识符和内容识别符

5.1 项目标识符

5.1.1 6个著录项目及其组成部分之前须分别按下列规定冠以标识符。

．—各著录项目（第一段落的起始项目除外）。

＝并列书名，并列丛书名。

：副书名及说明书名文字，副丛书名、出版者。

／第一著作责任者、丛书的第一著作责任者、与本版有关的第一著作责任者。

；不同著作方式的著作责任者、同一著作责任者的第二合订书名、第二出版地、丛书编号。

，相同著作方式的其他著作责任者、出版日期、国际标准连续出版物编号。

·附属丛书名。

5.1.2 ".—"占两格（不应移行），其他符号占一格，符号前后均不再空格。

5.1.3 凡重复著录一项内容，需重复添加该项内容的标识符；如重复著录的是著录项目的第一个组成部分，则应按5.1.1规定标识。

5.2 内容识别符

（　）中国著作责任者朝代、外国著作责任者国别及姓名原文、丛书项。

[　]自拟著录内容。

？ 推测及不能确定的内容(与[　]结合使用)。

6　图书在版编目数据的文字

6.1　图书在版编目数据的文字必须规范化。

6.2　除与中国古籍书名相连的卷数、与中国章回小说书名相连的章回数，以及出现在书名中和在检索部分用以区分书名、著作责任者、主题、分类检索点的非阿拉伯数字之外，图书在版编目数据其他各处均用阿拉伯数字。

7　图书在版编目数据选取规则

7.1　著录数据选取规则

著录数据中各著录项目内容的选取依据 GB 3792.2 中第 10 章相应规定执行。

7.2　检索数据标引规则

7.2.1　书名检索点和著作责任者检索点的标引依据 GB3792.2 中附录 A 相应的规定执行。

7.2.2　主题检索点的标引

7.2.2.1　主题检索点的标引依据 GB 3860 的规定执行。

7.2.2.2　主题检索点以《汉语主题词表》为标引依据，并遵循《汉语主题词表》的标引要求。

7.2.2.3　一部书的主题检索点一般不超过 3 组(不包括同一组数词的轮排)；一组主题检索点一般不超过 4 个主题词。

7.2.3　分类检索点的标引

7.2.3.1　分类检索点以《中国图书馆图书分类法》为标引依据，并遵循《中国图书馆图书分类法》的标引要求。

7.2.3.2 必须根据图书内容的学科属性或其他特征标引至适当的、分类法所允许的最小类目。

7.2.3.3 对于多主题图书必要时须标引附加分类检索点。

8 图书在版编目数据的详细型和简略型

图书在版编目数据分为必要数据和选择数据二类。必要数据是每一部书的在版编目数据都必须具备的;选择数据是可以根据实际情况决定取舍的。

包括全部数据(即:既有必要数据,又有选择数据)的图书在版编目数据称为详细型,仅包括必要数据的图书在版编目数据称为简略型。

如无特殊困难,图书在版编目数据均应采用详细型。

8.1 图书在版编目数据中的必要数据

8.1.1 著录数据中的必要数据

8.1.1.1 书名与著作责任者项内容的一部分

a. 正书名(包括交替书名、合订书名),
   卷数(与中国古籍书名相连的),
   章回数(与中国章回小说书名相连的),
   分卷(册)次及分卷(册)书名;

b. 并列书名;

c. 第一著作责任者;

d. 译著的非第一著作责任者的译者。

8.1.1.2 丛书项内容的一部分

a. 正丛书名;

b. 并列丛书名;

c. 国际标准连续出版物编号(ISSN);

d. 丛书编号;

e. 附属丛书名。

8.1.1.3　标准书号项

国际标准书号（ISBN）。

8.1.2　检索数据中的必要数据

a.　正书名（包括交替书名、合订书名），

卷数（与中国古籍书名相连的），

章回数（与中国章回小说书名相连的），

分卷（册）次及分卷（册）书名；

b.　第一著作责任者；

c.　译著的非第一著作责任者的译者；

d.　正丛书名；

e.　主题；

f.　分类。

8.2　图书在版编目数据中的选择数据

8.2.1　著录数据中的选择数据

8.2.1.1　书名与著作责任者项内容的一部分

a.　副书名及说明书名文字；

b.　其他著作责任者。

8.2.1.2　版本项

a.　版次及其他版本形式；

b.　与本版有关的著作责任者。

8.2.1.3　出版项

a.　出版地；

b.　出版者；

c.　出版日期。

8.2.1.4　丛书项内容的一部分

a.　丛书著作责任者；

b.　附属丛书编号。

8.2.1.5　附注项

a. 译著的说明；

b. 翻印书的说明；

c. 各项的附加说明。

8.2.2 检索数据中的选择数据

a. 副书名；

b. 其他著作责任者；

c. 丛书著作责任者；

d. 附属丛书名。

9 图书在版编目数据在图书上书名页背面的印刷格式

9.1 图书在版编目数据在图书主书名页背面的印刷格式由 4 个大段落组成，依次为：图书在版编目标题、著录数据、检索数据、其他注记。

9.2 第一大段落（图书在版编目数据的首行）是图书在版编目标题，即标明"图书在版编目（CIP）数据"的标准字样，其中"在版编目"一词的英文缩写"CIP"必须用大写拉丁字，并加圆括号。

9.3 第二大段落是著录数据，与第一大段落之间空一行。著录数据的书名与著作责任者项、版本项、出版项连续著录；丛书项、附注项、标准书号项均单独起行著录。

9.4 第三大段落是检索数据，与第二大段落之间空一行。

检索数据的排印次序为：书名检索点、著作责任者检索点、主题检索点、分类检索点，各类检索点依次用罗马数字排序。除分类检索点外，同类检索点依次用阿拉伯数字排序，并将阿拉伯数字置于圆圈符号之中。书名检索点、著作责任者检索点、主题检索点、分类检索点均须单独起行排印。分类检索点不止一个时，各检索点之间要有间隔，但不用任何数字或符号排序。

书名检索点仅有一个,且与著录数据中的正书名完全相同时,可采用省略著录法,即仅著录"书名"二字。

9.5　第四大段落是其他注记,与第三大段落之间空一行,内容依据在版编目工作需要而定,顺序、格式不限。

9.6　印刷格式

9.6.1　详细型

图书在版编目(CIP)数据

正书名＝并列书名:副书名及说明书名文字/第一著作责任者;其他著作责任者.—版次及其他版本形式/与本版有关的著作责任者.—出版地:出版者,出版日期

（正丛书名/丛书著作责任者,ISSN;丛书编号·附属丛书名;附属丛书编号）

附注

国际标准书号(ISBN)

Ⅰ.书名

Ⅱ.著作责任者

Ⅲ.主题

Ⅳ.分类号

其他注记

9.6.2　简略型

图书在版编目(CIP)数据

正书名＝并列书名/第一著作责任者

（正丛书号,ISSN;丛书编号·附属丛书名）

国际标准书号(ISBN)

Ⅰ.书名

Ⅱ.著作责任者

Ⅲ.主题

Ⅳ.分类号

其他注记

附加说明:

本标准由图书在版编目工作领导小组提出。

本标准由全国文献工作标准化技术委员会第七分会归口。

本标准由"图书在版编目国家标准起草小组"负责起草。

附:国家标准《图书在版编目数据》说明及图例

国家标准《图书在版编目数据(Cataloguing in publication data in the book)》(GB 12451-90)由全国文献工作标准化技术委员会第七分会组织制定,由"图书在版编目国家标准起草小组"从1987年7月开始起草,经国家技术监督局1990年7月31日批准,自1991年3月1日起在全国实施。为实现我国图书出版工作现代化以及图书编目工作标准化、规范化作出了积极贡献。

1 主题内容与适用范围

本标准的内容包括:(1)为在出版过程中的图书编制书目数据;(2)把核定的书目数据印刷在图书主书名页背面上。为出版部门快速、及时地交流图书出版信息,为图书馆及其他文献工作机构编制各种目录,提供了方便条件。

本标准适用于以印刷方式单本刊行的出版物,不适用于定期出版的连续分册出版物(如期刊、报纸等)、未装订成册的出版物(如图片、挂图、地图、乐谱等),以及各种非书资料(如录音制品、录像制品等)。

2 引用标准

GB 3792.2　普通图书著录规则

国家标准《普通图书著录规则(Bibliographical description for monographes)》(GB 3792.2－85),由全国文献工作标准化技术委员会提出,由全国文献工作标准化技术委员会第六分会起草,经国家标准局1985年1月31日批准发布,自1985年10月1日起在全国组织实施。它依据GB3792.1－83《文献著录总则》的原则,结合图书的特点和我国文献工作部门的实际情况,对"普通图书"(即现代汉语图书及现代版古汉语图书)的著录规则作了具体的描述。为实现我国图书编目工作标准化、规范化作出了积极的贡献。

GB 3860　文献主题标引规则

国家标准《文献主题标引规则(Documentation guide lines for determining the subject and subject indexing)》(GB3860－83),由全国文献工作标准化技术委员会提出,由全国文献工作标准化技术委员会第五分会起草,经国家标准局1983年9月13日批准发布,自1984年9月1日起在全国组织实施。

本规则所指的"标引",就是对文献进行主题分析,从自然语言转换成规范化的检索语言的过程,即主题分析结果赋予检索标识的过程。标引可按使用检索语言的类型区分,使用分类检索语言时,称为分类标引;使用主题检索语言时,称为主题标引。主题标引又分为受控标引与非控标引。受控标引是指须由事先编制好的叙词表(主题词表)中选用相应的规范词,对文献进行标引;非控标引又称自由词标引,指不设规范词表而由标引人员直接选用文献自然语言词,对文献进行标引。由于计算机化检索系统的建立和文献数据库的应用,又产生了自动标引。

本规则适用于依据各种类型的汉语主题词表进行文献主题标引。也就是前面所说的受控标引。它对于实现文献主题检索语言的标准化、规范化和现代化有作积极的意义。

3　术语

3.1　图书在版编目:在图书出版过程中,由国家出版行政机关责成某一专门业务机构或某个图书馆根据出版部门提供的书稿清样,或填写的"图书在版编目"工作单,依据有关标准,为在出版过程中的图书编制书目数据,称为"图书在版编目"。

3.2　图书在版编目数据:经专门的图书在版编目机构编制、审定的书目数据,正式印刷在图书主书名页背面的中部位置上。这个书目数据,称为"图书在版编目数据"。(见例一)

3.3　主题检索点:对图书内容中具有检索意义的内容及其外表特征进行客观分析,把分析出的有关主题因素的概念,依据一定的标引规则和组配规则,从自然词转换为词表的主题词,并按照一定的著录规则,将规范化的主题词标引出来。如:《棉花的育种》,主题标引为"棉花——育种","棉花"和"育种"为该书的主题检索点;《超音速轰炸机结构设计》,主题标引为"超音速飞机:轰炸机——结构设计;轰炸机:超音速飞机——结构设计","超音速飞机:轰炸机"、"轰炸机:超音速飞机"和"结构设计"为该书的主题检索点。

3.4　分类检索点:对图书的内容特征和形式特征进行全面、系统的分析,将分析的结果,依据一定的分类规则,即《中国图书馆图书分类法》的分类规则和类号,给出该书最切合的分类号码,并按照一定的著录规则,将给定的分类号码标引出来。如:《应用数学基础》,分类号为:O029,"O029"为该书的分类检索点;《社会心理学》,分类号为:C912.6,"C912.6"为该书的分类检索点。

4　图书在版编目数据内容:根据图书在版编目数据内容区分为著录数据和检索数据两个部分。

4.1　著录数据:用以表示图书内容、外表形式和物质形态特征的项目称为著录项目,也称为著录事项。著录项目包括:书名与责任者项、版本项、出版项、丛书项、附注项和标准书号项。《普通图书著录规则》(GB3792.2)为一般书目著录规定的文献特殊细节、载体形态项、提要项不适用于图书在版编目数据。

4.1.1 书名与著作责任者项:本项包括正书名、并列书名、副书名及说明书名文字、图书类型标识符、第一责任者、其他责任者等6个小项目。

a.正书名:图书的主要名称,包括单纯书名、交替书名、合订书名。

单纯书名:指书名前后没有附加其他文字的书名。如《法学概论》、《中国教育史》等。

交替书名:指同一图书的书名页上具有两个或两个以上交替使用的不同书名。如:《西行漫记》,又名《红星照耀中国》;《红楼梦》,又名《石头记》等。

合订书名:指一图书由几个著作合订而成,没有一个共同的书名,而在书名页上出现两个或两个以上的书名。如:《易纂言;易纂言外翼》、《孔丛子;曾子全书;子思子全书》等。

b.并列书名:在书名页上用两种或两种以上文字互相对照的书名,其中第二个及其以后的书名,为并列书名。如《新实践 = ИЕШ РЯАСТЫСЕ》、《РУССКИЙ ЯЗЫК ДЛЯ НАЧИНАЮШИХ = 俄语入门》等。

c.副书名及说明书名文字:副书名,又称解释书名,解释或从属于正书名的另一书名(包括分卷、册书名)。如《探索集:少数民族妇女问题研究文集》,"少数民族妇女问题研究文集"为副书名;《高等数学　第一卷第一分册》,分卷(册)书名从属于正书名;《少女的梦:爱情小说集》,"爱情小说集"是说明著作体裁或文献类型的文字;《中国出版年鉴　1990》,"1990"说明图书时间界限的文字;《小学生作文选评:一年级第二学期》,说明读者对象的文字等。

d.责任者:指对图书内容进行创作、整理、加工,负有直接责任的个人或团体。如一书具有几个不同著作方式的责任者时,其中列于首位的著作方式的责任者为第一责任者,列于其后的著作方式的责任者为其他责任者;再如,一书为两个合著者时,两个合著者均为第一责任者,其他著作方式的责任者为其他责任者。

4.1.2　版本项:指一书在流传过程中因形式及内容上的不同曾出版多种版本。形式上的不同,指排版形式不同(如直排本、横排本、大字本、小字本等),印刷方法不同(如影印本、缩印本、微型本等);内容上的不同,指原书初版后,作了修改或增删(如修订本、增订本、缩写本、节本等)。此外,由于出版时间的不同(分古本、今本),出版地点的不同(分国内版、海外版),语言文字的不同(分中文版、英文版、日文版、蒙文版、藏文版等),以及译者的不同,也产生了各种版本。为了准确地反映图书的出版情况,必须对图书的版次、印次作如实地记录。如"影印本"、"修订本"、"增订本",或"2 版(修订本)"等。与本版有关的责任者是指与该版再创作有关的责任者,包括修订者、增补者、插图者、作序者等。

4.1.3　出版项:包括出版地、出版者和出版日期。出版地是指图书出版者的所在地。出版者应为图书出版者正式名称的全称。出版日期是指图书正式出版的时间(年、月)。

4.1.4　丛书项:丛书是在一个总书名下汇集多种单独著作为一套,并以编号或不编号方式出版的图书。一套丛书内的各书均可独立存在,除了共同的书名(丛书名)以外,各书都有其单独的书名;有整套丛书的编者,也有各书自己的编者。一套丛书一般有相同的版式、书型、装帧等,且多由一个出版社出版,也有由几个出版社联合出版,除少数丛书一次出齐外,多次丛书为陆续出版。

本项包括如下 7 个小项目:

a. 正丛书名:丛书的正式名称。如:《中国学术丛书》、《当代作家自选丛书》等。

b. 并列丛书名:图书的丛书具有多种语言时,由汉文书名和一

种以上其他文字书名并列组成的丛书名。如:《英语世界丛书 =
The Worlod of English Books）、（文艺丛书 = Literatursammlung）等。

c. 丛书著作责任者:指主编丛书的个人或团体。

d. 国际标准连续出版物号(ISSN):国际通行的连续出版物代
码。1975 年由国际标准化组织制订,由设在巴黎的国际连续出版
物数据系统(ISDS)国际中心统一管理。它将号码分配给各个 IS-
DS 国家中心或地区中心,再由国家中心或地区中心分配给向这些
中心注册的连续出版物。中国的 ISSN 号由 1986 年成立的 ISDS
中国国家中心(经原国家出版局同意设在北京图书馆)负责分配。
ISSN 由 8 位阿拉伯数字组成,前冠"ISSN"字样,前后 4 位数字间
用连字符分隔。如 ISSN1003 - 1812。最后 1 位数字为校验号,当
校验号为 10 时,用罗马数字"X"表示。ISSN 校验时,先以加权因
素 8～2 分别与 ISSN 的第 1～7 位数对应相乘,将乘积及校验数值
相加,再以模数 11 相除。如被整除,则为正确号码,否则为错误号
码。ISSN 只用于识别某一特定题名的连续性出版物,并不表示出
版国别或语种,也不反映学科类别。ISSN 既可为发行部门用于出
版物征订、开发票和管理存刊,又可供图书馆用于采购、编目和检
索等业务。

我国出版的各类丛书,大多都不列为连续出版物,因此,绝大
多数丛书都不刊载 ISSN 号,只有 ISBN 号。当丛书列为连续出版
物载有 ISSN 时,应著录 ISSN 号。

e. 丛书编号:有的丛书具有表示次第的文字及各种编号,如:
《党政机关秘书工作丛书;9》《新时代丛书;第 1 辑》《全国星火
计划丛书;5 农特产加工利用丛书;3》等。

f. 附属丛书名:一套丛书由若干套小丛书组成,其题名形式由
多层次构成,在正(总)丛书名后再列附属丛书名,两个丛书名之
间用中圆点"·"分隔。如:《开放丛书·思想文化系列》《中国少
数民族民间文学丛书·故事大全》等。

g.附属丛书编号:表示附属丛书次第的各种编号,如《广东星火丛书·热带经济作物栽培丛书;5》、《吉林省图书馆学丛书之九·图书馆业务自学大全;8》等。

4.1.5 附注项:本项是对图书形式特征的著录正文的补充和说明。凡在上列著录项目中不便或不能如实反映的形式特征及附录均可在此项说明。

a.译著的说明:翻译的图书,注明外文原名;转译的图书,注明原书的出处(包括原出版者、出版时间和版次)。

b.翻印书的说明:翻印或影印的书,注明原书的出处(包括原书出版者、出版时间和版本)。

c.各项的附加说明:书名取法不一致(封面、书脊等处书名与书名页不同)、书名变更(再版书名与初版书名不同)、改编作品的原书书名、责任者及体裁、各种教科书及教学参考书,以及书中的重要附录等,均可在附注项中加以说明。

4.1.6 标准书号项:国际标准书号(Internation Standard Book Number 简称 ISBN),见"GB5795 中国标准书号"。

4.2 检索数据:本部分提供图书的检索途径,包括图书识别特征的检索点(书名标目、责任者标目)和内容主题的检索点(主题标目〈主题词〉、分类标目〈分类号〉)。

4.2.1 图书识别特征的检索点:

a.正书名(包括交替书名、合订书名),卷数(与中国古书名相连的),章回数(与中国章回小说书名相连的),分卷(册)次及分卷(册)书名;

b.副书名(解释书名);

c.第一著作责任者,包括个人姓名、机关团体及会议名(不含著作方式);

d.译著的非第一著作责任者的译者,包括个人姓名及机关团体名称(不含著作方式);

e. 其他著作责任者,包括编者、改编者、修订者、插图者等。

f. 正丛书名,如丛书综合著录或单独组织丛书目录,均应以丛书名作标目;

g. 丛书著作责任者,包括个人姓名及机关团体名称(不含著作方式);

h. 附属丛书名。

注:并列书名(用其他语文与汉语文对照的书名),即使汉语文书名排在其他语种书名之后,根据我国读者利用中文图书目录检索习惯,一般只选择汉语文书名作为书名检索点。

4.2.2 内容主题的检索点:

a. 主题标目(主题词);

b. 分类标目(分类号)。

5 图书在版编目数据的项目标识符和内容识别符

根据国家标准《文献著录总则 General bibliographical de-cription》(GB3792.1-83)的规定,著录用标识符号分为著录项标识符和著录项目识别符,与《国际标准书目著录》符号一致。这些符号分别冠于著录项目之前或置于著录内容之首尾,均具有使著录项目易于识别的作用。同时,实行著录项目代码化,既可克服语言障碍,利于书目信息交流,也是实现编目工作现代化的必备条件。

5.1 项目标识符

5.1.1 6个著录项目(即:书名与责任者项、版本项、出版发行项、载体形态项、丛书项、附注项)及其组成部分之前须分别按下列规定冠以标识符。

符号	符号的使用说明
. —	各著录项目(每一段的起始项除外) 例:雷锋传/陈广生著. —2 版. —沈阳:白山出版社,1990.2
=	并列书名,并列丛书名 例:唐诗二百首英译 = 200 CHINESE TANG POEMSIN EN-GLISN VERSE
:	副书名及说明书名文字,副丛书名,出版者 例:警世语论:刘吉对话录 　　青年自学数理化丛书:数学部分 　　北京:人民出版社
/	第一著作责任者,丛书的第一著作责任者,与本版有关的第一著作责任者 例:中华魂/李澍田著 　　思想政治教育丛书/吴树明主编 　　中国书史简编/刘国钧著. —1982 年版/郑如斯订补
;	不同著作方式的著作责任者,同一著作责任者的第二合订书名,第二出版地,丛书编号 例:爱的哲学/(英)雪莱(Shelley,P. B.)著;查良铮译 　　周易集说;读易举要/(宋)俞琰撰 　　北京:商务印书馆;上海:上海辞书出版社 　　学习雷锋丛书;8
,	相同著作方式的其他著作责任者,出版日期,国际标准连续出版物编号 例:行政学/巩伟,王庆霖主编 　　广州:花城出版社,1993.5 　　希腊罗马译丛,ISSN0306 – 9222
.	附属丛书名 例:复旦小丛书·人生智慧之辑

5.1.2 上述著录项目标识符,除".—"占两格("·"占一格,"—"占一格,不应分开移行),其他符号均占有一格,在他们的前后均不再空格。

5.1.3 凡重复著录一项内容,需重复添加该项目的标识符;如重复著录的是著录项目的第一个组成部分,则应按5.1.1规定标识。

例1:人类处于转折点/(美)梅萨罗维克(Mesaroric,M.),(德)佩斯特尔(Pestel,E.)著

例2:.—北京:人民出版社;上海:学林出版社

5.2 内容识别符:根据国家标准《文献著录总则》(GB3792.1-83)的规定,本标准采用表示著录内容的识别符。

符号	符号的使用说明

( )	中国著作责任者朝代,外国著作责任者国别及姓名原文,丛书名
	例:易学精华/(唐)李鼎祚等著
	    论特权/(法)西耶斯(Sieyès,E.J.)著
	    (当代应用写作丛书/李天德主编)

〔 〕 ?	自拟著录内容 推测及不能确定的内容,与〔 〕结合使用 例:民国18〔1929〕.5 〔1935?〕
~	起讫时间 例:1949~1979;1979~1992

6 图书在版编目数据的文字

6.1 图书在版编目数据的文字必须规范化。

6.2 在著录项目中,凡有下列情况之一者,不用阿拉伯数字著录:

a. 书名中的数字按原题著录

例:六一诗话/(宋)欧阳修著

三十三年之梦:回忆录/(日)宫崎滔天著

　b.与中国古籍书名相连的卷数

　　　例:岭南卫生方　三卷/(宋)李璆,张志远辑

　c.与中国章回小说书名相连的章回数

　　　例:侠义风月传　十八回/(清)名教中人编次

　d.在检索部分用以区分书名、著作责任者、主题、分类检索点的数字

　　例:Ⅰ.书名检索点Ⅱ.著作责任者检索点Ⅲ.主题检索点Ⅳ.分类检索点

　　除以上情况可用非阿拉伯数字外,图书在版编目数据其他各项均用阿拉伯数字著录。

　7　图书在版编目数据选取规则

　　著录数据中各著录项目内容的选取,依据《普通图书著录规则》(GB3792.2)中第10章相应规定执行,并参阅第七章图书在版编目数据(CIP)工作单填写说明。

　7.2　检索数据标引规则

　7.2.1　书名检索点和著作责任者检索点的标引,依据《普通图书著录规则》(GB3792.2)中附录A相应的规定执行。

　　a.书名检索点:记载于主书名页正面的正书名,包括单纯书名、交替书名、合订书名,不包括并列书名。副书名(解释书名)、丛书名、图书目次或正文中的重要著作题名,可根据需要选取。一书的书名检索点一般不应超过两个。但析出题名的数量不限。

　　b.著作责任者检索点:记载于主书名页正面或封面,表示著作责任的个人、机关团体、会议责任者和析出著作的责任者,其中包括:著者、编者、译者、改写者、改编者、注释者、校订者、注音者、解说者、插图者等。一书的责任者检索点一般不应超过四个。但析出著作的责任者的数量不限。

　　7.2.2　主题检索点的标引:依据《文献主题标引规则》

105

（GB3860 – 83）的规定执行。

主题检索点应以《汉语主题词表》为标引依据,严格遵循《汉语主题词表》的标引要求。

主题词的选定,应遵循如下几个标引规则:

a. 要直接地、客观地反映出书中所论述的事物或研究的对象与问题。

b. 选定的词,一般必须是词表中规定使用的主题词(即正式主题词)。

c. 在正式主题词中,必须选用最专指的主题词。

d. 当没有专指的主题词时,则应选用最直接相关的几个主题词进行组配标引。

e. 如果组配仍达不到要求时,应选定最直接的上位主题词标引。

f. 如上位主题词仍不合用时,可选择一个适当的自由词,或增补新的主题词。

g. 当某一主题概念,在词表中已规定有组代主题词时,可选用组代的几个主题词进行组配标引。

一部书的主题检索点一般不得超过 3 组(不包括同一组数词的轮排);一组主题检索点一般不超过 4 个主题词。

7.2.3　分类检索点的标引

分类检索点应以《中国图书馆图书分类法》为标引依据,严格遵循《中国图书馆图书分类法》的标引要求。

分类检索点标引的方式和分类号的选定:

a. 要准确、客观地揭示图书的内容性质和形式特征。

b. 应依据图书的内容性质、形式体裁、写作体例等来确定类号。

c. 必须把每一部书给出最确切、最详细的类号。

d. 当一部书的内容同时涉及到几个学科门类时,可选择其中一个门类作整体标引,再对其所涉及的其他学科门类作重复标引。

e. 当一书分入几个类时,它们的分类号码可用" + "号相连,称为完全分类号。

8　图书在版编目数据的详细型和简略型(略)

9　图书在版编目数据在图书上书名页背面的印刷格式

9.1　图书在版编目数据在图书主书名页背面的印刷格式由4个大段落组成,依次为:图书在版编目标题、著录数据、检索数据、其他注记。(见例一、例二)

例一:图书在版编目数据分段的基本格式

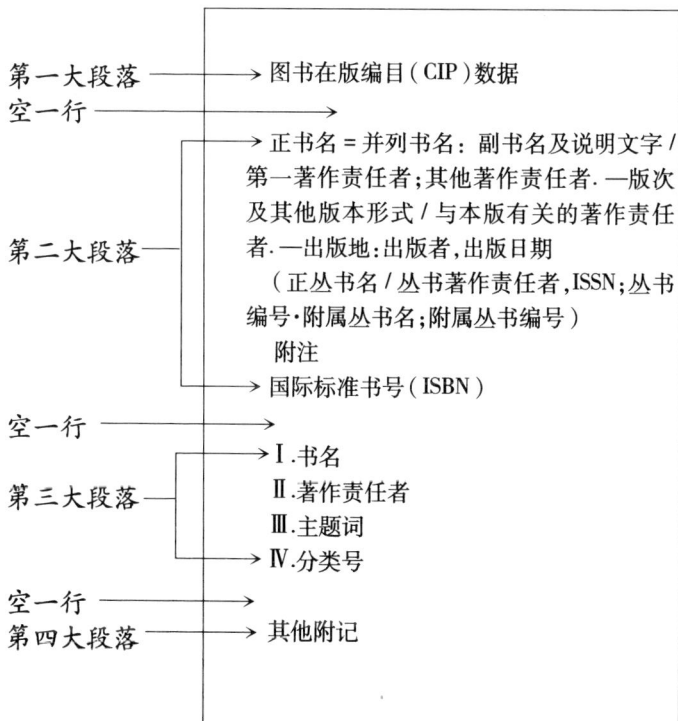

第一大段落 ——→ 图书在版编目(CIP)数据
空一行 ——→

第二大段落
——→ 正书名＝并列书名:副书名及说明文字/第一著作责任者;其他著作责任者.—版次及其他版本形式/与本版有关的著作责任者.—出版地:出版者,出版日期
　　(正丛书名/丛书著作责任者,ISSN;丛书编号·附属丛书名;附属丛书编号)
　　附注
——→ 国际标准书号(ISBN)

空一行 ——→

第三大段落
——→ Ⅰ.书名
　　Ⅱ.著作责任者
　　Ⅲ.主题词
——→ Ⅳ.分类号

空一行 ——→
第四大段落 ——→ 其他附记

例二：图书在版编目数据分段的基本格式

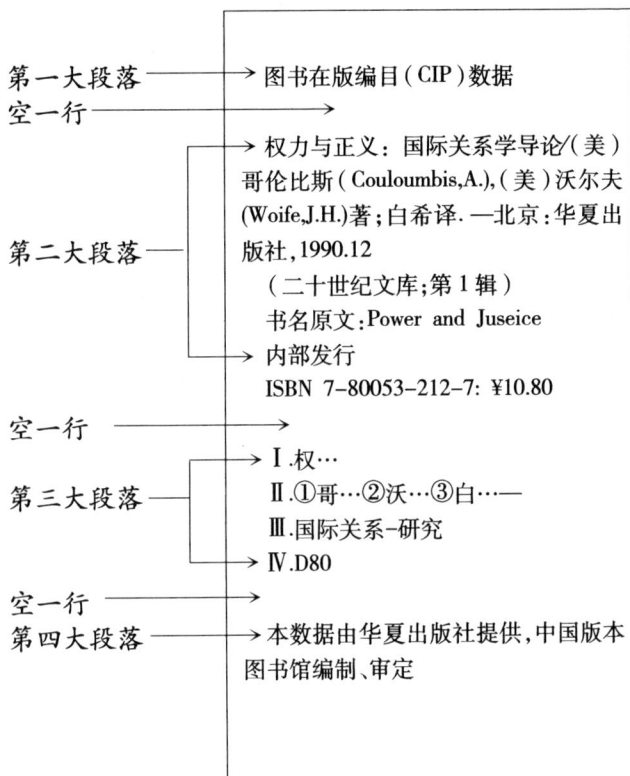

第一大段落 ——→ 图书在版编目（CIP）数据
空一行 ——→

第二大段落 ——→ 权力与正义：国际关系学导论/（美）
哥伦比斯（Couloumbis,A.),（美）沃尔夫
(Woife,J.H.)著；白希译. —北京：华夏出
版社,1990.12
（二十世纪文库；第 1 辑）
书名原文：Power and Juseice
——→ 内部发行
ISBN 7-80053-212-7：￥10.80

空一行 ——→
第三大段落 ——→ Ⅰ.权…
Ⅱ.①哥…②沃…③白…——
Ⅲ.国际关系-研究
——→ Ⅳ.D80

空一行 ——→
第四大段落 ——→ 本数据由华夏出版社提供,中国版本
图书馆编制、审定

9.2　印刷格式：图书在版编目数据的印刷格式分详细型和简
略型两种。

9.2.1　详细型：图书在版编目数据包括：著录数据中的必要
数据、检索数据中的必要数据、著录数据中的选择数据、检索数据
中的选择数据四部分的著录项目。（例三：1～4）

例三：详细型图书在版编目数据的基本格式(1~4)

（1）

图书在版编目（CIP）数据

正书名＝并列书名：副书名及说明书名文字／
第一著作责任者；其他著作责任者．—版次及其他
版本形式／与本版有关的著作责任者．—出版地：
出版者，出版日期
（正丛书名／丛书著作责任者，ISSN；丛书编号．
附属丛书名；附属丛书编号）
附注
国际标准书号（ISBN）

I.书名
II.著作责任者
III.主题词
IV.分类号

其他注记

（2）

图书在版编目（CIP）数据

孟子注疏／（汉）赵岐注；（宋）孙奭疏；黄侃经文
句读．—影印本．—上海：上海古籍出版社，1990.12
（十三经注疏，13）
本书据清同治六年（1867年）江西书局重校末
版《十三经注疏》本影印
附校勘记
ISBN 7-5325-0959-1：￥4.20

I.孟…
II.①赵…②孙…③黄…
III.①《孟子》—注释②儒家
IV.B222.52

本数据由上海古籍出版社提供，中国版本图书
馆编定

（4）

图书在版编目（CIP）数据

婚变历程：婚姻破裂的心理分析 / 邵启扬，谭湘兰著. —北京：知识出版社，1990.11
（日常生活心理学丛书 / 乐国安，谢曙光主编）
ISBN7-5015-0436-9: ￥2.30

I .婚…
II .①部…②谭…
III .①离婚-精神分析②精神分析-离婚
IV .C912.6

本数据由知识出版社提供，中国版本图书馆编定

（3）

图书在版编目（CIP）数据

英语学习三点法＝A TRINARY METHOD OF
ENGISH LEARNING/郑孝通编著. —北京：清华大
学出版社，1990.1
ISBN 7-302-00624-5: ￥2.50

I .英…
II .郑…
III .①英语-学习方法②学习方法-英语
IV .H31-49

本数据由清华大学出版社提供，中国版本图书
馆编定

例四：简略型图书在版编目数据的基本格式

（1）

图书在版编目(CIP)数据

正书名＝并列书名／第一著作责任者
（正丛书名，ISSN；丛书编号·附属丛书名）
国际标准书号(ISBN)

I.书名
II.著作责任者
III.主题词
IV.分类号

其他注记

（2）

图书在版编目(CIP)数据

社会学概论／夏海勇主编
（社会科学学术丛书；第1辑）
ISBN 7-305-00679-3：￥3.60

I.社…
II.夏
III.社会学—概论
IV.C910

本数据由南京大学出版社提供，中国版本图书馆编定

（4）

图书在版编目（CIP）数据

各国公职人员管理体制／曹志主编
（政治体制研究丛书·人事类资料卷）
ISBN 7-5045-0235-9：¥7.55

Ⅰ.各…
Ⅱ.曹…
Ⅲ.国家公务员制度—研究—世界
Ⅳ.D523

本数据由中国劳动出版社提供，中国版本图书馆编定

（3）

图书在版编目（CIP）数据

英语介词10法＝TEN APPROACHES TO ENGLISH PREPOSITIONS／蔡建伟著
ISBN 7-308-00494-5：¥3.75

Ⅰ.英…
Ⅱ.蔡…
Ⅲ.①英语—介词—基本知识②介词—英语—基本知识
Ⅳ.H314

本数据由浙江大学出版社提供，中国版本图书馆编定

9.2.2 简略型:图书在版编目数据包括:著录数据中的必要数据、检索数据中的必要数据两部分的著录项目。(例四:1～4)

附三

转发国家技术监督局"关于批准《图书书名页》等两项国家标准的函"的通知

新闻出版署·1991年6月12日·(91)新出技字第633号

现将国家技术监督局技监国标发〔1990〕117号文"关于批准《图书书名页》等两项国家标准的函"转发给你们,请遵照实施。

该标准于5月底印出,请各有关单位与中国标准出版社联系购买。

附件:国家技术监督局"关于批准《图书书名页》等两项国家标准的函"

主送:各省、自治区、直辖市新闻出版局,新华书店总店,中央级出版社,各有关单位

附:关于批准《图书书名页》等两项国家标准的函

你委员会以文献标字(1989)006号文报批的《图书书名页》等两项国家标准草案,业经批准为强制性国家标准,并在《国家标准发布公告》中发布,自1991年3月1日起实施,编号和名称为:

GB12450-90　图书书名页

GB12451-90　图书在版编目数据

主送:全国文献工作标准化技术委员会

附四

关于实施 CIP 国家标准试点的
有关问题的通知

新闻出版署·1992 年 12 月 19 日·新出图〔1992〕1936 号

国家标准《图书在版编目数据》（GB12451－90）已于 1990 年 7 月 30 日正式发布。为了实施这项标准，新闻出版署委托中国版本图书馆于 11 月中旬举办了首期图书在版编目业务培训班。你社作为试点单位，已派人参加了"培训班"的学习。为了使这项工作更好地贯彻落实，现将实施图书在版编目的时间、内容和范围规定如下：

一、实施时间：从 1993 年 2 月 1 日起，凡是从 2 月 1 日起发排的图书，均应向中国版本图书馆填报"图书在版编目（CIP）数据工作单"（附表 1）。

二、图书在版编目数据内容：即"图书在版编目（CIP）数据工作单"所规定的内容。每种图书（指初版新书及修订再版图书，不包括重印图书）均应按照"工作单"所规定的有关内容填写，并将填好的"工作单"及时寄送给中国版本图书馆。中国版本图书馆根据"工作单"提供的有关内容编成图书在版编目数据的印刷格式，退回出版社。出版社按照此格式印在图书书名页的背面上。（附表 2、附表 3）

三、图书在版编目范围：一般情况下，凡是装订成册的图书，均应实施图书在版编目，但不包括下列范围的图书：

1. 中小学课本、教材（不含中小学教学参考书）；

2. 低幼读物（不含幼儿园教师用书）；

3. 连环画册；

4.图片、画页,以及未装订成册的散页画辑、明信片等;

5.未装订成册的地图、游览图,以及教学挂图;

6.折叠的歌片、曲谱、字帖等;

7.单独印行的各种国家标准、行业标准、地方标准、规程、规范(不含汇编本);

除上述范围的图书外,其他图书均应实施图书在版编目。

请按上述规定实施图书在版编目。

附五

关于扩大实施 CIP 国家标准
试点有关问题的通知

新闻出版署·1993 年 3 月 4 日·新出图〔1993〕173 号

上海、天津、湖北、广东、辽宁新闻出版局：

国家标准《图书在版编目数据》(GB12451－90)已于 1990 年
7 月 30 日正式发布。1992 年秋,我署决定在北京先行试点。经过
一段时间实践,现决定扩大到部分省市进行试点,由署信息中心会
同有关省市新闻出版局组织实施。你省(市)已列入试点范围,请
按以下的要求开展此项工作：

一、图书在版编目实施时间：从 1993 年 7 月 1 日起,凡是从 7
月 1 日起发排的图书,均列入实施范围。

二、图书在版编目数据的内容：即"图书在版编目(CIP)数据
工作单"(附表 1)所规定的内容。各出版社出版的每种图书(指
初版新书及修订再版图书,不包括重印图书),均应按照"工作单"
所规定的有关内容填写,经过编目加工后,将 CIP 数据印在图书书
名页的背面上(附表 2、附表 3)。

三、图书在版编目范围：

一般情况下,凡是装订成册的图书,均应实施图书在版编目,
但不包括下列范围的图书：

1. 中小学课本、教材(不含中小学教学参考书)；

2. 低幼读物(不含幼儿园教师用书)；

3. 连环画册；

4. 图片、画页,以及未装订成册的散页画辑、明信片等；

5. 未装订成册的地图、游览图,以及教学挂图；

6. 折叠的歌片、曲谱、字帖等；

7. 单独印行的各种国家标准、行业标准、地方标准、规程、规范（不含汇编本）；.

除上述范围的图书外，其他图书均应实施图书在版编目。

附六

关于在京出版社实施"图书在版编目
(CIP)"有关问题的通知

新闻出版署办公室·1993 年 12 月 7 日·新出办〔1993〕1611 号

国家标准《图书在版编目数据》(GB12451-90)已于 1990 年 7 月 30 日正式发布,要求各出版社正式实施。为使此项工作更好地贯彻落实,现将北京地区尚未实施"图书在版编目(CIP)"的出版社,实施的时间、内容、范围及有关问题规定如下:

一、实施时间:从 1994 年 1 月 1 日起,凡是从 1 月 1 日起发排的图书,均应向中国版本图书馆填报"图书在版编目(CIP)工作单"(附表 1)。

二、图书在版编目数据内容:即"图书在版编目(CIP)数据工作单"所规定的内容。每种图书(指初版图书及修订再版图书,不包括重印图书)均应按照"工作单"所规定的有关内容填写,并将填好的"工作单"及时寄送给中国版本图书馆。中国版本图书馆根据"工作单"提供的有关内容编成图书在版编目数据的印刷格式,退回出版社。出版社按照此格式印在图书书名页的背面上(附表 2、附表 3)。

三、图书在版编目范围:一般情况下,凡是装订成册的图书,均应实施图书在版编目,但不包括下列范围的图书:

1. 中小学课本、教材(不含中小学教学参考书);

2. 低幼读物(不含幼儿园教师用书);

3. 连环画册;

4. 图片、画页,以及未装订成册的散页画辑、明信片等;

5. 未装订成册的地图、游览图,以及教学挂图;

6.折叠的歌片、曲谱、字帖等；

7.单独印行的各种国家标准、行业标准、地方标准、规程、规范（不含汇编本）。

除上述范围的图书外，其他图书均应实施图书在版编目。

附七
（CIP）印刷格式及存在的问题 24 例

例1

（京）新登字 100 号

①—→　图书在版编目（CIP）数据

市场经济下的农业和农村工作问答/刘政，程湘
清主编.—北京:中共中央党校出版社,1993.8
　ISBN 7-5035-0805-1

Ⅰ.市…
Ⅱ.①刘…②程…
Ⅲ.①市场经济:农业-工作-中国②农业:市场
　经济-工作-中国③市场经济:农村-工作-中
　国④农村:市场经济-工作-中国
Ⅳ.F32-44

中共中央党校出版社出版发行
（北京海淀区大有庄 100 号）

河北三河市宏达印刷厂印刷　　新华书店经销
1993 年 9 月第 1 版　　1993 年 9 月第 1 次印刷
开本:850×1168 毫米　　1/32　　印张:7
字数:166 千字　　印数:1-5000 册
定价:5.00 元

---

① CIP 印刷格式正确

例 2

（京）新登字 106 号

①→ **图书在版编目（CIP）数据**

电子材料现代分析概论　第一分册/张有纲等
编.—北京:国防工业出版社,1993
　ISBN　7–118–01127–4

Ⅰ. 电…

Ⅱ. 张…

Ⅲ. ①电子材料-光谱分析②电子材料-X 射线
　衍射分析

Ⅳ. TN04

② →
　电子材料现代分析概论
　　　（第一分册）
　张有纲　张永祥　许恒生
　责任编辑　耿新暖
　　　　　　　＊

国防工业出版社出版发行
（北京市海淀区紫竹院南路 23 号）
（邮政编码　　100044）
新华书店北京发行所发行　各地新华书店经售
北京市怀柔县王史山印刷厂印刷
850×1168 毫米　32 开本　印张 10 7/8　283 千字
1993 年 10 月第一版 1993 年 10 月第一次印刷 印数:0001–1500 册

③ ⟶ ╎ ISBN 7-118-01127-4/TN·181 ╎   定价:5.00 元

———————————

① CIP 印刷格式正确
②③ 按图书书名页标准,此部分内容应去掉

例3

①——→图书在版编目（CIP）数据

　　中国摄影家徐力群作品集/徐力群摄. —北京：
人民美术出版社, 1993.8
　　ISBN 7-102-01292-6

　　Ⅰ. 中…
　　Ⅱ. 徐…
　　Ⅲ. ①风光摄影-摄影集-中国-现代②摄影
　　　　集-风光摄影-中国-现代
　　Ⅳ. J426

----

①标题应为五黑,应与著录数据首字"中"对齐

例 4

（京）新登字 081 号

① ——→ **图书在版编目（CIP）数据**

灭菌·消毒·防腐·保藏/薛广波主编.

② ——→ —北京：人民卫生出版社，1993

ISBN 7-117-01953-0

Ⅰ. 灭…

Ⅱ. 薛…

Ⅲ. 消毒

Ⅳ. R187

人民卫生出版社出版

（北京市崇文区天坛西里 10 号）

人民卫生出版社印刷厂印刷

新华书店北京发行所发行

787×1092 毫米　16 开本　$33\frac{1}{4}$ 印张　4 插页　778 千字

1993 年 12 月第 1 版　1993 年 12 月第 1 版第 1 次印刷

印数：00001-4300　定价：25.00 元

〔科技新书目 301-199〕

---

①标题与著录数据首字"灭"对齐

②回行时，大项符中的短横"—"省略，"北"字应比著录数据
　首行"灭"字提前一格

125

例5

（京）新登字 060 号

① ⟶ **图书在版编目（CIP）数据**

②

　　微型计算机学习指导/徐第编. —北京：农业出版社，1993.8

　　ISBN 7—109—03035—0

③

　　Ⅰ. 微…

　　Ⅱ. 徐…

　　Ⅲ. 微型计算机 – 基本知识

　　Ⅳ. TP36

农业出版社出版

（北京市朝阳区农展馆北路 2 号）

（邮政编码 100026）

出版人:蔡盛林

责任编辑　郑剑玲　郭立川

三河市宏达印刷厂印刷　新华书店北京发行所发行

1993 年 8 月第 1 版　1993 年 8 月三河第 1 次印刷

开本:787×1092 毫米 1/32　印张:4.25

字数:90 千字　印数:1–7000 册

定价:3.00 元

①　标题应为五黑

②　大项符中的下圆点"."应为半字符

③　短横"—"应为半字符

例6

① → 图书在版编目（CIP）数据

② → 怀素草书自叙帖 / 人民美术出版社编. —北京 : 人民美术出版社, 1993
ISBN 7-102-01261-6

③ → I. 草…
II. 人…
III. ①草书-法帖-中国-唐代②法帖-草书-中国-唐代
IV. J293.34

④ → 怀素草书自叙帖

出版者：人民美术出版社
（北京北总布胡同32号）
责任编辑：王裕安
印刷者：北京美通印刷厂
发行者：新华书店北京发行所
1993年9月第一版第一次印刷
开本：787×1092毫米 1/16 1.5印张
印数：1—10000册

⑤ → ISBN7-102-01261-6/J·1054 定价：1.60元

(京)新登字004号

① 标题应为五黑
② 著录数据应为五末
③ 检索数据应为五末
④⑤ 按图书名页标准，此部分内容应去掉。

例7

（京）新登字 162 号

① ─→图书在版编目（CIP）数据

④ ──────────→

② ─→计时英语（一）/ 北京邮电学院外语系编·─北京：

⑤ →北京邮电学院出版社，1993.9

　　　ISBN 7─5635─0149─5

⑥ ──────────

③ ──→ Ⅰ. 计…

　　　　Ⅱ. 北…

　　　　Ⅲ. 英语

　　　　Ⅳ. H31

⑦ ────→

计时英语

（一）

⑧ ──────────→ 北京邮电学院外语系　译

责任编辑　时友芬

*

北京邮电学院出版社出版

新华书店北京发行所发行　　各地新华书店经售

北京邮电学院出版社微机室排版

北京邮电学院出版社印刷厂胶印

*

850×1168 毫米 1/32 印张 12.25 字数 539 千字

1993 年 7 月第一版 1993 年 7 月第一次印刷

印数：1─8000 册

⑨ ──────→ ISBN 7─5635─0149─5/H·4　定价：7.70 元

① 标题应为五黑

②③ 著录数据与检索数据应为五宋

④ "语"字与"（一）"之间应空一格

⑤ 回行只应提前一格

⑥ 短横"－"应为半字符

⑦ 分类检索点"H31"的"H"应与主题检索点"英语"的"英"字对齐

⑧⑨ 按书名页标准,这些内容不应排

例 8

（京）新登字 204 号

① → 图书在版编目（CIP）数据
② ③
　　托起明天的太阳 / 兰海燕等著. - 北京：十月文
艺出版社，1993.10

④ → ISBN 7-5302-0304-5

⑤　　Ⅰ. 托…

　　　Ⅱ. 兰…

　　　Ⅲ. 报告文学-中国-现代

　　　Ⅳ. 125

⑥ →

托起明天的太阳

TUOQI MINGTIAN DE TAIYANG

方向明　王京照　兰海燕　高天龙　著

*

北京十月文艺出版社出版

（北京北三环中路 6 号）

邮政编码：100011

北京出版社总发行

新华书店北京发行所经销

香河县第二印刷厂印刷

*

850×1168 毫米　32 开本　11.5 印张　271000 字

1993 年 6 月第 1 版　1993 年 6 月第 1 次印刷

印数 1-3000

⑦ → ISBN 7-5302-0304-5/I.291

定价:7.10元

———

① 标题应为黑体
② 标题与著录数据之间应空一行
③ 大项符中的短横"-"应为一字符
④ "Ⅰ"字母应与著录数据的首字"托"对齐
⑤ 著录数据与检索数据之间应空一行
⑥⑦ 按图书书名页标准,此部分应去掉

例 9

（京）新登字 106 号

① —→ **图书在版编目（CIP)数据**

                                                 ③

② —→ 非定常流与涡运动 / 童秉纲等主编． —北

    京：国防工业出版社，1993

        ISBN 7—118—01164—9

④

    Ⅰ．非…

    Ⅱ．童…

    Ⅲ．①非定常流动②涡旋流动

    Ⅳ．O351.3

*

非定常流与涡运动

⑤ —→ 童秉纲 张炳暄 崔尔杰 主编

责任编辑 祝子禄

*

国防工业出版社出版发行

（北京市海淀区紫竹院南路 23 号）

（邮政编码 100044)

新华书店经售

北京市怀柔县王史山印刷厂印刷

*

850×1168 毫米 32 开本 印张 17 3/4 458 千字

1993 年 7 月第一版 1993 年 7 月第一次印刷 印数：0001–1500 册

⑥ —————→ ISBN 7-118-01164-9/O ·89   定价：18.10 元

132

① 标题应为五黑
② 著录数据应为五宋
③ 大项符中的下圆点"."应为半字符
④ 短横"－"应为半字符
⑤⑥ 按书名页标准,此部分内容应去掉

例 10

（京）新登字 106 号

① ——→ 图书在版编目(CIP)数据

② ——→ 硝基化合物的分子轨道理论／肖鹤鸣著.—北京:国防工业出
版社,1993
ISBN 7-118-01121-5

③ ——→ Ⅰ.硝…

Ⅱ.肖…

Ⅲ.①硝基化合物－分子轨道－理论②碳－硝基化合物③氮－
硝基化合物

Ⅳ.O622.6

硝基化合物的分子轨道理论

④ ——————→ 肖鹤鸣　著

责任编辑　肖志力

国防工业出版社出版发行
*
（北京市海淀区紫竹院南路 23 号）
（邮政编码 100044）
新华书店经售
北京市怀柔县王史山印刷厂印刷
*
850×1168　1/32　印张 12 3/8　323 千字
1993 年 7 月第一版 1993 年 7 月第一次印刷　印数:0001-1000 册

⑤ ——————→ ISBN 7-118-01121-5/TQ·30　定价:18.00 元

① 标题应为五黑

②③ 著录数据和检索数据应为五宋

④⑤ 按书名页标准,此部分内容应去掉

例 11

新登字（京）159 号

① ⟶ **图书在版编目(CIP)数据**

②

③ 国故新知－中国传统文化的再诠释:纪念汤用
彤先生诞辰百周年论文集 / 汤一介编. —北京:
北京大学出版社,1993.8

ISBN 7-301-02206-9

④ ⟶ Ⅰ.国…

Ⅱ.汤…

Ⅲ.传统文化－研究－中国－文集

Ⅳ.G04

⑤ ⟶
书　名:国故新知:中国传统文化的再诠释
责任者:汤一介
标准书号:ISBN 7-301-02206-9/B·130（平装）
　　　　ISBN 7-301-02207-7/B·131（精装）

出版者:北京大学出版社
地址:北京大学校内
邮政编码:100871
排印者:北京大学印刷厂
发行者:北京大学出版社
经销者:新华书店
版本记录:787×1092 毫米　16 开本　34.125 印张　840 千字
　　　　1993 年 8 月第一版　1993 年 8 月第一次印刷
　　　　印数:0001-3000 册（其中精装 500 册）

定价(平装):21.50元

(精装):29.50元

---

① 标题首字"图"应与著录数据首字"国"对齐

② 破折号应占2格

③ 大项符中的下圆点"."应为半字符

④ 著录数据与检索数据之间应空一行

⑤ 按图书书名页标准,此部分应去掉

例 12

（京）新登字 106 号

① → **图书在版编目（CIP）数据**

材料的疲劳 /（美）苏尔茨（Surech,S.）著；王光中

② → 译. -北京：国防工业出版社，1993 ← ③

书名原文；Fatigue of Materials

ISBN 7-118-01168-1

Ⅰ. 材…

Ⅱ. ①苏…②王…

Ⅲ. 材料-疲劳理论

Ⅳ. TB301

④ →

FATIGUE OF MATERIALS

S.Suresh

Cambridge University Press 1991

*

材料的疲劳

（美）S.Suresh 著

王中光等译　李家宝等校

责任编辑　杜豪年

国防工业出版社出版发行

（北京市海淀区紫竹院南路 23 号）

（邮政编码 100044）

新华书店经售

北京市怀柔县王史山印刷厂印刷

*

850×1168 毫米 32 开本　印张 18 5/8　插页 2　481 千字

1993 年 10 月第一版 1993 年 10 月第一次印刷 印数:0001—3000 册

⑤⟶ ISBN 7-118-01168-1/TB·50　　　　定价:25.00 元

① 标题与著录数据之间应空一行

② 大项符中的下圆点"·"应为半字符,短横"-"应为一字符

③ 应把"10"补上(出版时间为 1993.10)

④⑤ 按书名页标准,此部分内容应去掉

例 13

《錘正川画集》
编辑:
王石之
设计:
摄影:郑宇伦

② ─────────→ 錘正川画集/(马来西亚)錘正川绘

③ ─────────────────────────────────↗

④ ─────────→ 北京:人民美术出版社,1993.9

⑤ ─────────→ ISBN 7-102-01290-X /J·1083

⑥ ───────────────────────────↑

① ─────────→ **图书在版编目 (CIP) 数据**

⑦ ──→ I . 钟…

Ⅱ . 钟…

Ⅲ . ①中国画:水墨画-马来西亚-现代-画册②水墨画:
中国画-马来西亚-现代-画册③钟正川-中国画-画册

Ⅳ . J232.9(338)

⑧ ─────────→ **錘正川画集**

出版:人民美术出版社

（北京北总布胡同 32 号）

发行:人民美术出版社

印制:精美彩印公司

1993 年 9 月第一版 第一次印刷

开本:787×1092 毫米 1/12 15 印张

印数:1-2000 册

⑨ ⟶ ISBN 7-102-01290-X/J·1083

⑩ ⟶ （京）新登字 004 号

① 标题应在第一大段落

② 著录数据应在第二大段落

③ 应著录大项符中的下圆点"."

④ 回行时"北"字应比著录数据首字"钟"提前一格

⑤ "I"字母应与"鍾"字对齐

⑥ 斜杠及斜杠后的"J·1083"应去掉

⑦ 检索数据应与著录数据对齐

⑧⑨ 按书名页标准应去掉

⑩ 应为主书名页背面排版的第一项内容

例 14

图书在版编目(CIP)数据

① ————————————————————↓

现代肿瘤学 / 汤钊猷主编. —上海:上海医科大学出版社,1993.6

ISBN 7-5627-0149-0

Ⅰ.现…

Ⅱ.汤…

Ⅲ.肿瘤学

Ⅳ.R73

上海医科大学出版社出版

上海市医学院路 138 号

邮政编码 200032

新华书店上海发行所经销

上海医科大学印刷厂电脑排版

上海市浦江印刷厂印刷

开本:787×1092 毫米　1/16　印张:76　插页:11　字数:2627 千字

1993 年 6 月第 1 版　1993 年 6 月第 1 次印刷

印数:1-6000 册

定价:90.00 元

———————————

① 大项符中的下圆点"."应为半字符

例 15

（京）新登字 100 号

图书在版编目（CIP）数据

哲学前沿和疑难问题探索 / 中共中央党校哲学教研部

① 组织编写． —北京：中共中央党校出版社，1993.9

ISBN 7-5035-0813-2

Ⅰ. 哲…

Ⅱ. 中…

Ⅲ. 哲学理论 - 研究

Ⅳ. B0

中共中央党校出版社出版发行

（北京海淀区大有庄 100 号）

三河市宏达印刷厂印刷　新华书店经销

1993 年 9 月第 1 版　1993 年 9 月第 1 次印刷

850×1168 毫米　1/32　印张：11.125

字数：287 千字　印数：1—6000 册

定价：7.00 元

---

① 大项符中的下圆点"．"应为半字符

例 16

（京）新登字 130 号

内容简介

本书是我国目前全面系统论述地产（不动产）估价与投资经营、市场管理的专著。主要内容包括：地产估价总论、地产估价基本方法、基准地价与标定地价评估、土地（含成片土地开发）出让底价评估、地产价格信息与常用参数、地产估价案例和地产经营管理总论、地产经营（出让、转让、租赁、抵押）方式、地产经营程序、地产经营合同（含各类合同参考文本）、涉外地产经营、地产经营决策、地产经营税费、地产经营法律实务（代理、公证、登记、继承、纠纷调处与仲裁、诉讼）等，融理论性、政策性、实用性、技术性与普及性于一体，是一本面向社会各界人士，特别是各级土地管理和房地产管理人员、房地产开发经营者、房地产咨询工作者必备的工作手册，也可作为地产（不动产）研究人员和相关大专院校师生的参考书。

图书在版编目（CIP）数据

①

地产估价与经营管理/杨宜新等主编.- 北京:科学技术文献出版社,1993.8

ISBN 7-5023-2050-4

Ⅰ.地…

Ⅱ.杨…

Ⅲ.①地产－经营管理②土地价格－评价

Ⅳ.F301.3

科学技术文献出版社出版

（北京复兴路 15 号 邮政编码 100038）

北京市燕山联营印刷厂印刷 新华书店北京发行所发行

1993 年 8 月第 1 版 1993 年 8 月第 1 次印刷

开本:850×1168 毫米 1/32 23.5 印张 632 千字 1 插页

印数:1－5000 册

定价:16.00 元

---

① 大项符中的短横"－"应为一字符

例 17

（京）新登字 100 号

图书在版编目（CIP）数据

① 新编中老年保健顾问 / 李祥顺,王臻主编.- 北京:新时代出版社,1993

ISBN 7-5042-0184-7

Ⅰ.新…

Ⅱ.①李…②王…

Ⅲ.①老年 - 保健②保健 - 老年③中年 - 保健④保健 - 中年

Ⅳ.R161.7

新编中老年保健顾问

主编

李祥顺　王　臻

编著者（以姓氏笔划为序）

王　臻　白振岑　刘克诚

李祥顺　赵聚春　聂爱筠

责任编辑　宋桂珍

*

新时代出版社出版发行

（北京市海淀区紫竹院南路 23 号）

（邮政编码 100044）

新华书店经售

北京怀柔王史山印刷厂印装

*

850×1168 毫米　32 开本　10.75 印张　272 千字

1993 年 10 月第 1 版　1993 年 10 月第 1 次印刷　印数:0001~7000 册

③———▶ ISBN 7–5042–0184–7/R·14　　定价:8.50 元

① 大项符应为".—",其中下圆点"."为半字符,短横"—"
为一字符

②③ 按书名页标准,此部分内容应去掉

例 18

（京）新登字 105 号

图书在版编目（CIP）数据

①————→ ┌────────────────┐ ←──② ②

百首唐诗诵读/徐龙年编.–北京·新时代出版社,1993
ISBN 7–5042–0178–2

Ⅰ.百…
Ⅱ.徐…
Ⅲ.唐诗-注释-中国-选集
Ⅳ.I222.742

③————————→
┌ ─ ─ ─ ─ ─ ─ ─ ─ ┐
  百首唐诗诵读
  徐龙年　编
  ＊
└ ─ ─ ─ ─ ─ ─ ─ ─ ┘

新时代出版社出版发行
（北京市海淀区紫竹院南路 23 号）
（邮政编码　100044)
新华书店经售
北京昌平长城印刷厂印刷

＊

787×1092 毫米　32 开本　3.875 印张　77 千字
1993 年 9 月第 1 版 1993 年 9 月第 1 次印刷　印数:00001–10000 册

④————→ ┌ ─ ─ ─ ─ ─ ─ ─ ─ ─ ─ ─ ┐　　　　定价:3.00 元
　　　　 ISBN 7–5042–0178–2/G·18
　　　　└ ─ ─ ─ ─ ─ ─ ─ ─ ─ ─ ─ ┘

① 　大项符中的短横"-"应为一字符
② 　出版地后面应为冒号":"
③④ 　按书名页标准,此部分内容应去掉

148

例 19

（京）新登字 081 号

① 　　**图书在版编目（CIP）数据**

　　就诊指导 / 周保利编著. —北京：人民卫生出版社，1993

② →　ISBN 7-117-01946-8

　　Ⅰ. 就…
　　Ⅱ. 周…
　　Ⅲ. ①就诊 - 指南②医院 - 概况 - 北京
　　Ⅳ. R-49

③ ━━━━━━━━━━━━━→　┌──────────────┐
　　　　　　　　　　　　　│　**就 诊 指 导**　│
　　　　　　　　　　　　　│　周保利　主编　│
　　　　　　　　　　　　　└──────────────┘

　　　　　　人民卫生出版社出版
　　　　　（北京市崇文区天坛西里 10 号）

　　　　　　三河市宏达印刷厂印刷
　　　　　　新华书店北京发行所发行

787×1092 毫米　32 开本　4$\frac{3}{8}$ 印张　95 千字

1993 年 11 月第 1 版　1993 年 11 月第 1 版第 1 次印刷
　　印数：00001-11000　定价：2.00 元
　　　　　[科技新书目 302-186]

────────────────────

① 　大项符中的下圆点"."应为半字符
② 　不应空行
③ 　按图书书名页标准，此部分内容应去掉

例 20

（京）新登字 081 号

图书在版编目（CIP）数据

① 放射学上册 / 刘玉清等主编.- 北京:人民卫生出版社

② 1993
③

ISBN 7-117-01966-2

Ⅰ. 放…
Ⅱ. 刘…
Ⅲ. 放射医学
Ⅳ. R81

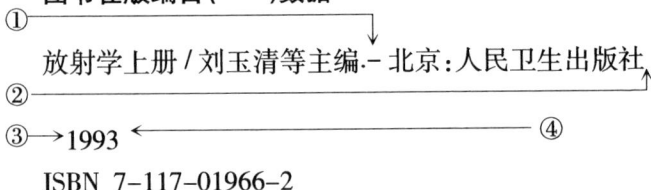

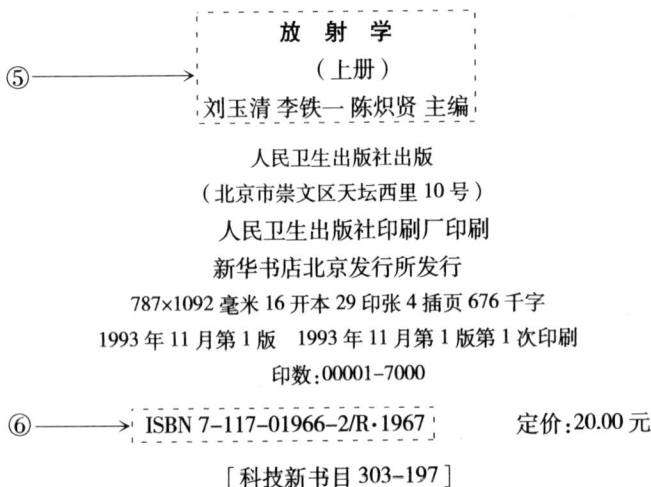

放　射　学

（上册）

刘玉清 李铁一 陈炽贤 主编

人民卫生出版社出版
（北京市崇文区天坛西里 10 号）
人民卫生出版社印刷厂印刷
新华书店北京发行所发行
787×1092 毫米 16 开本 29 印张 4 插页 676 千字
1993 年 11 月第 1 版　1993 年 11 月第 1 版第 1 次印刷
印数:00001-7000

ISBN 7-117-01966-2/R·1967　　　定价:20.00 元

［科技新书目 303-197］

① 大项符中的短横"–"应为一字符

② 出版者后应加逗号","

③ 回行后"1993"应提前一格

④ 应把"11"补上(出版时间为 1993.11)

⑤⑥ 按图书书名页标准,此部分内容应去掉

例 21

（京）新登字 081 号

图书在版编目（CIP）数据

生理学 / 钟国隆主编. —3 版. —北京：人民卫生出版社，
1993

ISBN 7–117–00075–9 / R·76

① ——————————

Ⅰ.生…

Ⅱ.钟…

Ⅲ.生理学 – 医学专科学校 – 教材

Ⅳ.Q4–43

②

人 民 卫 生 出 版 社 出 版

（北京市崇文区天坛西里 10 号）

人民卫生出版社印刷厂印刷

新华书店北京发行所发行

787×1092 毫米 16 开本 $15\frac{3}{4}$ 印张 366 千字

1980 年 11 月第 1 版 1993 年 9 月第 3 版第 19 次印刷

印数：415 221–518 320 定价：7.30 元

———————————

① 斜杠及斜杠后面的分类种次号："R·76"应去掉

② CIP 数据以印在主书名页背面的中间位置为宜

例 22

（京）新登字 081 号

图书在版编目（CIP)数据

① →

神经症 / 许又新编著.—北京 : 人民卫生出版社, 1993.10

ISBN 7-117-01981-6

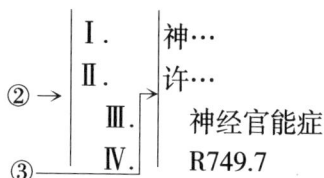

② →

```
    Ⅰ.    神…
    Ⅱ.    许…
       Ⅲ.  神经官能症
③    Ⅳ.  R749.7
```

人民卫生出版社出版

（北京市崇文区天坛西里 10 号）

河北省遵化市印刷厂印刷

新华书店北京发行所发行

787×1092 毫米　32 开本　$8\frac{5}{8}$　印张 189 千字

1993 年 10 月第 1 版　1993 年 10 月第 1 版第 1 次印刷

印数 : 00 001-3 000 定价 : 7.45 元

［科技新书目 305-194］

---

① 标题与著录数据之间应空一行

② "Ⅰ"、"Ⅱ"、"Ⅲ"、"Ⅳ"应对齐

③ "神"、"许"、"神"、R"字应对齐

例 23

① →

② → **图书在编数目（CIP）数据**

③ →农业经济学／简乃强主编.——广州:广东   ⑤ ↑

华南理工大学出版社,1993.10

ISBN 7—5623—0541—2

⑦ →   ↑   ↑   ↑ ⑥

④ → Ⅰ.农…

Ⅱ.简…

⑧

Ⅲ.农业—经济—研究

⑨

Ⅳ.F3

⑩

华南理工大学出版社出版发行

（广州五山　邮码510641）

龙门县印刷厂印刷　　各地新华书店经销

1993 年 10 月第 1 版　1993 年 10 月第 1 次印刷

开本:787×1092 1/32 印张:12 字数:270 千字

印数:1—5000

定价:8.25 元

---

① 该数据没有经过 CIP 数据审核机构审核,是自行编制的

② 标题应为五黑

③ 著录数据应为五宋

④ 检索数据应为五宋

⑤ 大项符中的短横"–"应为一字符

⑥ 短横"–"应为半字符

⑦　著录数据与检索数据之间应空一行

⑧　主题检索点应为①农业经济－经济学②经济学－农业经济

⑨　短横"－"应为半字符

⑩　分类检索点应为 F30

例 24

（辽）新登字 16 号

① →

② →图书在版编目（CIP）数据

③ →中华养生精义 / 许绍廷　佟凤琴　赵广复 ⑤

④ →编著 ← ⑥

⑦ →大连理工大学出版社, 1993.10 ⑧

⑩ → ISBN7-5611-0774-9/G·99 ⑨

⑪ → Ⅰ.中华养生精义

⑫ → Ⅱ.许绍廷

⑬ → Ⅲ.中华 - 养生 - 饮食 - 气功 - 防
治

⑭ → Ⅳ.G99

⑮ →

中 华 养 生 精 义

Zhonghua Yangsheng Jingyi

许绍廷　佟凤琴　赵广复　编著

大连理工大学出版社出版发行　　　（邮政编码：116024）

大连理工大学印刷厂印刷

开本：787×1092　1/32　　　　印张：10　字数：214 千字

1993 年 10 月第 1 版　　　　　1993 年 10 月第 1 次印刷

印数：1-8000 册

责任编辑：刘杰　　　　　　　　插图：孙福义

责任校对：晓泉　　　　　　　　封面设计：羊戈

156

⑯ ——→ ISBN 7-5611-0774-9/G·99　　　　　定价:6.80 元

————————

① 该数据没有经过 CIP 数据审核机构审核,是自行编制的

② 标题应为五黑

③ 标题与著录数据之间应空一行

④ 著录数据应为五宋,首行首字"中"应与标题"图"字对齐

⑤ 著者应著录为"许绍廷等编著"

⑥ 应加大项符中的下圆点"."

⑦ 回行后,大项符中的短横"-"去掉,"大"字提前一格

⑧ "N"与"7"之间空半字符

⑨ 斜杠及斜杠后面的分类种次号"G·99"应去掉

⑩ 著录数据与检索数据之间应空一行

⑪ 书名检索点应为"Ⅰ.中…"

⑫ 著作责任者检索点应为"Ⅱ.许…"

⑬ 主题检索点应为"保健－基本知识"

⑭ 分类检索点应为"R161"

⑮⑯　按图书书名标准,此部分应去掉

后　记

　　参加本书编写工作的,除主编、副主编外,还有郝志平、李灼华、阚元汉同志。图书在版编目(CIP)工作是一项新的工作,需要在今后实践中不断地完善和提高,欢迎广大读者批评指正。

1994 年 1 月